ネットいじめの現在《いま》

子どもたちの磁場でなにが起きているのか

原　清治　編著

ミネルヴァ書房

はじめに

「ネットいじめは見えない」という言葉を保護者や学校の先生方からよく聞くことがある。確かに、ネットの中の人間関係は外からは見えにくいものである。しかし、見えないからといってあきらめてしまえば、子どもたちに新たな遊び場を提供していることと同じである。そこは大人がやってこない、子どもたちだけの世界なので、自分たちが何をしても外には知られないといった感覚に陥りやすい。ネットいじめが子どもたちの「自分たちだけの空間」といった意識から生まれてくるものだとすれば、大人の立場としてそれを「見守る」工夫が必要となる。

本書はそうした子どもたちのネットいじめの実態について、大規模データを用いて教育社会学的に分析し、可視化する研究成果の一端として編纂されたものである。もとより子どもたちのスマホの中を覗き見ることはできないが、大規模データを構造的に分析することによって、ネット空間の中で起こっている「リアル」に迫ることをねらいとしている。

本書は四部構成となっている。

著者はいずれもネットいじめの問題に強い関心をもつ教育社会学を中心とした研究仲間である。何回かの研究会を重ねるにつれ、大規模データの分析から徐々にではあるがネットいじめの実態が明らかになってきた。

第Ⅰ部は「子どもたちの現在《いま》を捉える」という視点から高校生の実態について大規模データの分析を行っている。ここでは学力とネットいじめの関係や人間関係の作り方の変化に焦点を当てた実態分析を試みている（第1章「ネット社会と子どもたちの実態」（原清治）、第2章「大規模調査から見る高校生のネット利用の実態」（原清治・浅田瞳）、第3章「ネットいじめの実態と高校生の『つながり』を考える」（原清治）、第4章「若い世代のネット感覚についての考察」（山内乾史））。

第Ⅱ部は「子どもたちの場を読み解く」という視点から、学校がネットいじめを生み出すどのような「磁場」であるかについて論じている。ここでいう「磁場」とは次のような解釈に基づいている。例えばデュルケムが社会は単なる個人の寄せ集めではないと指摘したように、子どもたちがバラバラであれば起こり得ないことが、集まることで一種の化学反応が起きて、予期しない結果を招くことがあるのではないか。学校にはそうした子どもたちが引き起こす、推測しにくい化学反応の磁場が存在するという解釈である（第5章～第7章「ネットいじめと学校の『磁場』」（大多和直樹・小林至道・小針誠））。

第Ⅲ部は「子どもたちを守る」という視点から、ネットいじめを予防するためには何が必要となるのかについて論じている。とりわけ、保護者や学校の先生方にとって子どもたちを見守るためにはどうすればよいのかについて考える（第8章「義務教育段階で起こるネットいじめの実態」（堀出雅人）、第9章「ＩＴを活用して子どもを守る」（西谷雅史））。

第Ⅳ部は「いじめをめぐる論点」として、研究協力者の筑波大学の土井隆義氏の講演をもとに編集した「『いじり』と『いじめ』のあいだ」と、大阪千代田短期大学学長であり、長年、私たちと一緒にいじめ研究を進めてこられた松浦善満氏へのインタビューを試みた「いじめ研究の視座」を所収した。いずれも今後のネットいじめ研究の展望について考えるにあたって有効な示唆を与えていただいた。

本書は科学研究費(b)15H03491『ネットいじめの構造とその対策に関する実証的研究』(研究代表者　原清治　2015-2018)を受けてまとめたものである。また学会発表としては以下の報告を行った。

・ネットいじめの実態に関する実証的研究(Ⅰ)――近畿圏の高等学校大規模調査の結果より(日本教育学会第七五回大会、二〇一六年八月二五日、於:北海道大学)
・ネットいじめの構造とその対策に関する実証的研究(Ⅰ)――高等学校の学力階層とネットいじめの関連に注目して(日本教育社会学会第六八回大会、二〇一六年九月一七日、於:名古屋大学)
・ネットいじめの構造とその対策に関する実証的研究(Ⅱ)――高等学校の生徒文化とネットいじめの関係に注目して(日本教育社会学会第六八回大会、二〇一六年九月一八日、於:名古屋大学)
・ネットいじめの構造とその対策に関する実証的研究(Ⅲ)(日本教育社会学会第六九回大会、二〇一七年一〇月二一日、於:一橋大学)

＊これらの学会発表での内容は日本経済新聞（二〇一七年三月二〇日）、京都新聞（二〇一六年一一月二四日）、日本教育新聞（二〇一六年九月二一日）で取り上げていただいた。

最後に、大規模データの収集に際して、京都府・京都市教育委員会、滋賀県・大津市教育委員会、京都府・滋賀県私立中学高等学校連合会などのみなさまのご理解と全面的な協力を得た。また、本書の出版と編集にあたってはミネルヴァ書房の神谷透氏・深井大輔氏に献身的な尽力をいただいた。本研究にご協力いただいた一人ひとりのお名前をあげることはできないが、改めて御礼申し上げたい。

今後も私たち研究グループは、継続して子どもたちをネットトラブルから守るための研究を鋭意進めていく所存である。

洛北の研究室から、著者を代表して

原　清治

ネットいじめの現在《いま》——子どもたちの磁場でなにが起きているのか

目次

Ⅱ　子どもたちの場を読み解く

Ⅲ　子どもたちを守る

I

子どもたちの現在《いま》を捉える

第1章 ネット社会と子どもたちの実態

1 現代を生きる子どもたちの変化

ネット社会はたいへん便利な環境を子どもたちに準備してきました。しかし、一方では、その便利さの陰に多くの「息苦しさ」が隠れているとも言われています。まず初めに、現代を生きる子どもたちの人間関係の中にどういう実態があるのか、そこにどんな問題が隠されているのかについて考えてみたいと思います。

子どもたちの実態を見ると、意外にしんどさ、とくに人間関係のしんどさは、今の学校現場でおそらく子どもたちをいちばん悩ませている問題だろうと考えます。息苦しさのポイントはどこにあるのでしょうか。

そのヒントとして、大学の食堂の様子を見ると、以前とは異なった風景を見ることができます。いわゆる「ぼっち席」の登場です。

多くの学校現場では子どもたちのつながる力を重視しています。人間関係を取り結ぶ力の必要性、

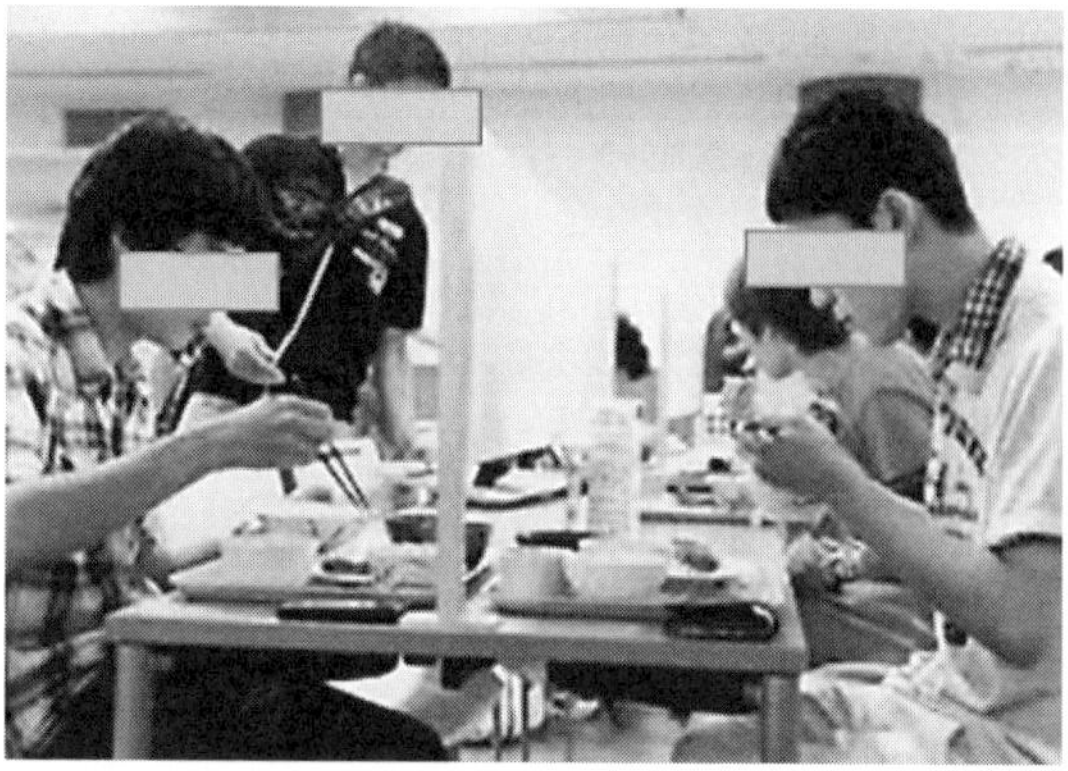

図1-1　最近の大学食堂で見られる「ぼっち席」

すなわち、子どもたち同士がお互いに力を合わせたり、切磋琢磨したりしながら協調関係を結ぶことについては、小学校段階から重点的に指導されていると言ってよいでしょう。しかし、大学生になったとたん、彼ら彼女らはぼっち席に座りたがるのです（図1-1）。食堂にこうした衝立を設けたぼっち席が用意されるようになったのは、この数年のことです。では、それ以前にぼっち席に座れない学生はどうしていたかというと、トイレの中でご飯を食べていました。これを精神科医の和田秀樹は便所飯と呼び、ごく一部ですがトイレでご飯を食べる大学生の存在を指摘しました。筆者も勤務している大学で清掃作業をしている方に話を聞くと、「女子トイレの汚物入れにおにぎりの袋が入っていた」「パンくずや米粒がトイレ内に落ちていることがある」とのことでした。すべてがトイレでご飯を食べたものとは限らないでしょうが、どの大学であっても他者の目線を気にして食事をすることに抵抗のある学生がいるようです。

上記の大学生の状況が、中学生や高校生のデータからも読み取れます。例えば、中高生に友達とはどういう存在かを聞くと、「LINEでつながっている子」と答えます。つまり、LINEのリストの中に入っていない子との関係性は希薄であり、友達じゃないと言うのです。中高生は、LINEによって自分の友達「内」と友達じゃない人間「外」との間にパーテーション＝仕切りを設けているのです。すなわち、スマートフォンが彼ら彼女らにとってLINEに入っている＝友達、LINEに入っていない＝友達でない、というような「内」と「外」を仕切る道具になっています。

土井隆義は、スマホの中に入っている友達の数を数えると、友達の数の多い子ほど学校での自尊感情が高いと指摘しました。つまり、今の中高生にとって、友達が多いということは、スマホの中に友達の名前が多く入っていることであり、その多さが学校での自分自身の友達関係の充実感に直結していると考えられます。ひと昔前であれば、友達の数が誰にでもわかるように数値で表されることはほとんどありませんでした。住所録に記載されていたり、年賀状の送り先の多さが友人の多さであったのでしょう。しかし、それを第三者に見られることはありませんでした。今の中学生や高校生は、LINEやSNS上の「いいね！」の数字やフォロワーの数が誰にでもわかる形で明記されています。こうした人間関係の可視化が子どもたちの自尊感情に影響を与えていると、土井は指摘しています。

それでは、どんなネットツールが子どもたちの間で流行っているのでしょうか。今、中学生から大学生まで幅広く利用されているSNSのひとつに写真投稿サイトがあります。自分たちが撮影した写真を投稿し、それを記録として残したり、友人と共有することが目的です。しかし、それが起点になって人間関係のトラブルに発展するというケースが増えてきました。

いじめから不登校にというケースは、そこまで多くありません。不登校になる背景として、人間関係のもつれが挙げられます。

さらに多いのは、虐待も含めた家族関係の問題が不登校の原因だということは一般的に言われていることです。いじめが原因で不登校に陥るというよりも、スマホやゲームによって昼夜逆転の生活が日常になってしまい、最終的に学校に行けなくなるという事例を耳にする機会が増えてきました。人間関係を築きにくい、学校で孤立しがち、学校に来ても寝ているという状態が続くと、重篤な状況と判断できるでしょう。

ところで、子どもたちはどのようなゲームを昼夜問わずにするのでしょうか。近年利用者を増やしているのはいわゆるバトルロイヤル型のゲームです。国立教育政策研究所が行った調査によると、バトルロイヤル型のゲームが流行している学校では、暴力行為の件数が他校より多くなる傾向が見られるという報告もありました。

例えば小学生だと、けんかをしたときに手が出ることが多くなり、簡単に友達を殴ったり蹴ったりします。中学生は言葉がきつくなります。「殺す」「死ね」といった死を想起させるような言葉がよく出る学校には、このようなゲームの流行を視野に入れる必要があります。

子どもたちは、こうしたゲームにのめりこむと必ず「バトルロイヤル型のゲームをしている」というサインを出しています。ここで、もう少し深く考察すると、このゲームが流行している学校の子どもは、人間関係の立て方が変わってきたと感じています。例えば、こうしたゲームの多くはボイスチャットを行い、友達と組んで楽しめます。結果として、安易に友達感覚で仲間をつくることが可能ですし、実際に見ず知らずの人とチームを組むこともできます。しかし、バトルロイヤル型のゲームの特徴は、最後まで一人生き残ることを競うゲームですので、その「友達」も、どこかで裏切らなければいけません。つまり、チームを組んだ人間を裏切ったり、あるいは自分が裏切られたりすることを、心の中のどこかに置いておく必要があるのです。

インターネット上のやりとりを主とするゲームやSNSが子ども世界に浸透することで、ネットいじめの様相も大きく変化してきました。最近のネットいじめの特徴は、加害者にほとんど悪意がないことが指摘されています。加害者からすると、「この書き込みがなぜいじめなのかわからない」ように見えるからです。

ひと昔前のネットいじめの一番大きなポイントは匿名性の高さでした。自分の知らない誰かから来たメールを開けてみると、誹謗中傷されている。ネットいじめの大半はこのようなメールやブログへの書き込みが多くを占めていました。しかし、この一〇年間、そうしたタイプのいじめは少なくなってきました。現場の先生方の指導やネットいじめに関する啓発活動の成果とも言えるでしょう。

それに代わり、近年増えてきたのは、クラスのLINEグループに友達の個人情報を載せるようなものです。書き込んだ側にはまったく悪意がないのですが、書き込まれた側は自分の知られたくない一面をSNS上で他の友達に「いじり」としてさらされるため、いやな思いをするという事例が多くなっています。

2　スクールカーストと「いじり」の関係

子どもたちの日常生活は大きく変化してきました。そこで子どもたちの人権という視点や、学校教育の視点からも、二点指摘しなければならないことがあります。ひとつは、友達関係のつくり方が変化したことです。もうひとつは、「いじり」とか「カースト」といった問題が子どもたちの人間関係づくりに持ち込まれたことです。

子どもたちのグループの人数は昔と異なり、少なくなってきました。したがって、学校生活で関わる子どもの数も少なくならざるを得ません。グループの小ささに呼応するかのように、その小さなグループにいる子どもたちの同質性が高くなってきました。よく似た子同士がグループを作っていると言ってよいでしょう。子どもたちからすると、気を遣わなくていい友達と一緒にいたいのでしょう。他に気を遣わなくてはならないことがあるため、せめて自分自身がいつもいる人間関係だけは守っておきたいのです。例えば、小学生の女の子のグループで、ごくまれに休み時間に友達と一緒にトイレの個室へ入るケースが報告されます。なぜこんな大人から見ると奇妙なことをするのでしょうか。それは、いつも一緒にいれば、自分に対する悪口を言われずにすむからです。子どもたちの立場からすると、いつも一緒にいる関係であるにもかかわらず、疑心暗鬼になっている部分があると言えます。結果として、単純に小さなグループでよく似た子同士が一緒にいれば、価値観の相違は生まれにくい。だから、子どもたちは裏切ったり、裏切られたりしなくてすむように、気楽な関係をつくっておくことが、むしろ自分を守ることになると言えます。子どもたちの人間関係の立て方はひと昔前とは異なりつつあると言えるでしょう。

そこに「いじり」や「カースト」の問題が出てきたのです。中学生を指導する先生はよく「いつも一緒にいる生徒は少し注意して見ないといけない」と話されます。なぜなら、中高生を中心にグループの中に序列制を持ち込み始めたからです。

鈴木翔は、クラスの中に一軍、二軍、三軍といった序列制があり、子どもたちはその序列、すなわち「スクールカースト」によって行動が規定されていることを指摘します。一軍の子らが喋っていると、二軍の子らは発言を遮られます。一軍の子らが決定したことに対しては三軍の子は意見を言うことができません。このぐらい強固なカーストが持ち込まれています。特定の子に向かって、継続的にいじりが続く関係性を見抜かないと危険であるとも指摘しています。

例えば、カーストの低い子が鬼を引いたとたんに、それまで楽しそうに遊んでいた遊びが一転して、その子に対する「いじり」になるような場合は注意が必要になります。多くの場合、いじられる側も嫌がらないために、まわりの子たちも本人は了解していると思い込みます。この関係が恒常

○自分の気持ちと違っても周囲が求めるキャラを演じてしまうことがある。
○クラスの人気も高いが，バカにされることも多い子ども……いじられキャラ。
○いじられキャラの特徴はクラスの友人が多く，成績がよいわけではない男子に多い。
○「いじり」が「いじめ」に転じるケースも見られる。

図1-2　学校の「空気」と「いじり」の問題

（出典）　本田由紀（2011）『学校の「空気」（シリーズ若者の気分）』岩波書店をもとに作成。

的になってしまうと、いじめを連動させる構造につながる事例が報告されています。これを指摘しているのが本田由紀です（図1-2）。

例えば場の雰囲気がよくなるいじりでは、なんとなくその子が笑われ役に徹してくれることによって、グループの凝集性が高まることがあります。本田は、いじりのすべてを問題視しているわけではありません。とりわけ、関西ではいじりはひとつの文化だと受け取られていることが多いです。しかし、一部のいじりは、遊びや人間関係があるように偽装しながら、微妙な人間関係のストレスをある子どもに向けて継続的に発散する構造があるとするなら、それはいじめではないかと指摘しています。

ところが、「いじり」と「いじめ」の境界は非常に曖昧です。その状況の中で、いじめの境界線を誰が、どのようにひくのでしょうか。誰がやるといじめで、誰がやるといじりでセーフか、という感覚は子どもだけではなく、私たち大人の側でも判断の基準を持つことは難しいでしょう。しかし何も言わなければ、子どもたちは「大人も、先生も親もこのいじりを了解した」と思ってしまいます。

　こうしたいじりが最も顕著になる空間がインターネットです。子どもたちは善悪の判断ではなく、その場の空気を読んで曖昧に「(笑)」とコメントしたり、スタンプを送信したりして自分の嫌な気持ちを表現しづらくさせていると言えるでしょう。

　内藤朝雄は、ネット空間ほど同調圧力が強く働く空間はないと指摘しました。内藤は、子どもたちにとっては、「いま・ここ」が「正しさ」の基準となり、みんなのノリにかなっていることが「よい」ことだと感じられてしまうことを論じました。例えばある子どものまわりで「カラオケに行こう」と言うと、クラスLINEが動き始め、みんな「いいね！」と書くしかないと答えます。本当は行きたくない、都合も悪いのに、周囲が「いいね、行こう」という話になると、自分だけ「私はその日都合が悪いから嫌だ」とは言えない空間になってしまいがちです。私たち大人はそんな場所を子どもたちに提供してしまっているのではないか、と内藤は指摘します。

3　子どもたちの人間関係の変化とネットとのつながり

　どうして今の子どもたちの同調圧力はこれほどまでに高くなってしまったのでしょうか。その理由として、二つの理論を紹介しましょう。ひとつは、宮台真司が二五年前に指摘した「島宇宙化」です。「島宇宙」とは、子どもたちのいるクラス全体を宇宙空間にたとえ、子どもたちのグループをその宇宙に分散して島のようにうかぶ銀河にたとえ、島同士が林立する状況を指しています。同じ教室にいる同じクラスメイトであるにもかかわらず、グループが異なると、お互いにまったく無関心な状態であることに宮台は警鐘を鳴らしました。しかし、ネット上の子どもたちや今の学校現場の多くは島宇宙がお互いに関心を持たないような状態のままなのです。

もうひとつの理由が、今の子どもたちはつながることや同調することを過度に強調された世代のため、いわば「つながり過剰症候群」とも呼べる状況に陥っているという指摘です。この「つながり」について指摘したのも、土井隆義です。彼は『つながりを煽られる子どもたち』（二〇一四年）という本の中で、友人関係を取り結びにくい、いわばつながる力の弱い子どもたちが相対的に増えてきたことを指摘しました。とりわけ、そうした子どもたちは学力が高い層に多い傾向だと論じています。それは冒頭の「ぼっち席」が国立大学の食堂で登場し、それが同程度の大学に急速に広がったことからも窺えます。つながる力の弱い子たちが、同調圧力にさらされると、土井の言葉を借りれば「キャラ変」、つまり自分の個性（キャラ）をその場に合わせるように変更するしかありません。この空間の中で求められているキャラは何なのか、彼らは必然的に感じます。ここで浮かないためにはどうするか、という作戦に切り替えるしかないのです。

また、土井はつながる力の弱い子に「つながれ、つながれ」と言ってしまうと、つながる力の弱い子たちは自分たちが煽られている感覚に陥るとも指摘しました。

つまり、友達をつくりにくいタイプの子に、「学校で友達ができた？　誰と話したの？　今日お昼休みは何をやったの？　みんなとサッカーをしたの？」といった問いは、聞きづらい言葉だと言えます。つながる力の強い子にはまったく問題ない言葉かけであっても、つながる力の弱い子たちからすると答えにくいことだからです。

例えば小中学校の二学期の秋ごろは、運動会、あるいは文化祭、合唱コンクールという学校行事が立て続けに行われます。担任はこうした学校行事をきっかけとして、クラスの団結を強めようとします。これは学級運営の観点からも、特別活動の観点からも正しく、事実、多くの人は文化祭や運動会が終わった後にクラスの団結力が強くなったと実感した経験があると思います。これは現場の先生が秋の学校行事を重要な機会と捉えてきた証左と言えます。

しかし、土井は学校行事が立て込み、クラスのまとまりが強くなると、このつながる力が強まったクラス集団に入れないタイプの子が出てくると指摘します。このタイプの子たちはどの学校にも少なからずいますが、表面上はキャラ変することでクラスになじんでいるため、教員もその数をはっきりと把握しているわけではありません。その本人に何か問題があるわけでも、原因があるわけでもありません。ただ、一部の子どもには、友情関係に裏打ちされた強いクラスのまとまりが出てくると、このまとまりのある集団に自分はどうも入れないというタイプの子がいるのです。最近は、秋の学校行事になると休みがちになる子どもがいると学校現場から報告されることが増えてきました。子どもたちにとって「キャラ変」という用語はなじみがあり、説明する必要もありません。それは、子どもたちが学校という空間で「キャラ変」することを余儀なくされ、それに疲れた子どもが一定数いることを学校現場は把握しなければならないとも言えるでしょう。

学校のクラスが島宇宙化し、つながりを煽られ続けた子どもたちの中に学校に行きづらい子、あるいは行き渋る子が出てくるのは必然でしょう。不登校状態の子どもたちは二〇一九（令和元）年の調査において、小中学生で一八万人を超え、過去最高を記録しました。そこに、こうした人間関係の取り結び方の変化や同調圧力による影響は少なくないと考えられます。不登校に陥る子どもの背景が時代とともに変化しているとも言えます。

同じような状況はいじめ問題にも通底するのです。学校の中でいじめられている子がどこにいるのか、という研究はいじめ研究の中心課題です。いじめ研究の初期、すなわち一九八〇年代のいじめられっ子の居場所はトイレの中でした。いじめられている子はとにかく相手から干渉されない空間に逃げることでいじめの被害を免れたからです。ところが、九〇年代のドラマで、いじめられる子どもがトイレの個室に立てこもっているときに、いじめている子どもがバケツの水を個室に向かってかけ、中にいる子がずぶ濡れになり、それを見たまわりが笑うというシーンが流されてしまいました。結果として、放送翌日から全国でそれを模倣する子どもが出てしまい、さまざまな学校で上から下までずぶ濡れの子がトイレから出てくるというのが学校現場を悩ませたことがありました。トイレはいじめられっ子の逃げ場所ではなくなったのです。

逃げ場所がなくなった子たちはどこへ行ったのでしょうか。九〇年代から二〇〇〇年代にかけては保健室や職員室、中には用務員の部屋などが彼ら彼女らの逃げ場所になりました。ここには必ず大人の目が届きます。保健室であれば養護教諭、職員室ならば先生方がいるからです。たまに職員室や保健室にも入れず、職員室の出入り口の横に掲示されているポスターをじっと見ているタイプの子などもいじめられっ子であることが多かったでしょう。

でも、その子たちは最近、保健室や用務員室に行けなくなりました。行かなくなったのではなく、「行けなくなった」のです。理由は、保健室や用務員室に声の大きい、鈴木の表現を借りるなら一軍の子たちが来るようになってしまったからです。保健室に休み時間に行って、「先生、お菓子ある？」というタイプの子が保健室に来るようになりました。いじめられ感のある子たちはそのタイプの子たちを最も苦手としているからです。

では、彼ら彼女らは今どこに行っているのでしょうか。

近年は学校の図書室にいることが多いと報告されてきました。二〇一五年にある図書館が夏休み終了の直前に、「学校に行くのがしんどかったら図書館においで」とツイッターで公開したところ、多くの反響があったと話題になりました。なぜ子どもたちは地域の図書館や学校の図書室に行くのでしょうか。図書室は、学校の中で唯一静かにしなければならない場所であり、「なぜここにいるの？」と他者から問われない場所だからです。また、図書館には先ほど指摘した保健室にやってくるタイプの生徒が来ることは稀です。なぜなら、図書館は私語が禁じられており、彼らにとっては退屈な場所だからです。

こう書くと現場の先生は明日にでも学校の図書館に行ってしまうことがあります。ここで強調しておきたいのは、教師が集団で図書室に行くことは避けてくださいということです。なぜなら、先ほどの保健室の話と同様に、図書室にたくさんの教師が入ると、子どもたちの居場所がなくなってしまうからです。したがって、図書室は今のまま放置しておくことが大切なのです。このタイプの子どもたちは書架と書架の間の狭い通路にいるため、廊下から見て目につくところにはほとんどいないでしょう。むしろ、廊下から見たときに目につくところで本を読んでいるのは、本当に本が好きな子どもたちでしょう。一方で書架と書架の間の本当に小さな隙間に隠れるように本を読んでいるタイプの子どもたちがいます。このタイプの子どもたちが生きづらさを感じているのです。このタイプの子どもたちに何らかの援助や指導がなければ、教室に入りづらくなり、結果として学校へ行き渋るようになるのです。不登校傾向の強い子たちに「なぜ学校へ行かないの?」と聞いても明確な理由は言わないことが多いでしょう。これには学校へ行かない、行けない理由が自分でもわからないというケースもあります。そう考えると、学校の中の機能論、空間論に私たちは着目する必要があるのです。

子どもたちを取り巻く環境はひと昔前とは大きく変わりました。インターネットやスマートフォンの利用は、そうした流れを促進しているとさえ言えるでしょう。私たちは何に注意していかなければならないのでしょうか。

これまでの話を考えると、今の子どもたちに注意が必要なこととして、「さらし」というキーワードが出てきます。不特定多数の前で自分の個人的な情報や写真が了解なしにさらされ、それをみんなが笑い、いじられている感覚を子どもたちはとても嫌がります。みんなの前で恥をかかされるという意識は、いまの中高生が最も嫌がることと言えるでしょう。その背景にはネットの影響があると考えられます。

例えばひと昔であれば、クラスの中で優秀で、かつリーダー的立場の子が学校の代表である生徒会長や学級委員長などを先生から指名されて任されていました。本人たちも、「自分が生徒会長をやるんだろう」という自負もあったでしょう。

ところが、最近の中学生は、学級委員長を選ぶとき、次のようなやりとりが多くなります。「さて、今年の学級委員、一学期は誰がいいかな」と教師がホームルームで問うと、クラスの中の一軍の生徒が、明後日の方を向いて、「○○」とある生徒の名を言います。すると、まわりの取り巻きが「それでいいです」と答えて、これで決まってしまいます。指名された○○は、いわゆるいじられキャラの子だったり、言い返せないタイプの子だったりすることが多いため、前に立つようなタイプではない生徒であることが多くなります。彼・彼女からすると嫌なのですが、クラスの同調圧力が高くなっているため、「嫌です」とは言いにくい状態になっています。結果として、学級委員長をやらなければいけなくなる。本人は、自分に必然的にそういう役が回ってくるとは思っていませんから、これは完全ないじりと言えます。

ところが、こうした不本意な形で学級委員長に選ばれたにもかかわらず、教師から「○○は学級委員長だからしっかりクラスをまとめてくれ」と言われると、子どもからすれば「なぜ私ばかり」

という不満が強くなります。叱られることも、みんなの前でわざと恥をかかされるという感覚になります。最近の先生方は寝ている子に対して、みんなの前で、「▲▲、起きろ」と叱ることは少なくなりました。なぜなら、みんなの前で叱ると、たとえ自分に非があったとしても、その瞬間に「あの教師は嫌い」という話になるからです。むしろ、クラスの子たちからわからないように机間巡視しているようなふりをして、近づいて肩をたたき、起こしてくれる先生を生徒は好みます。それをわかる教師は名指しで叱ることは少なくなりました。子どもたちは、みんなの前で恥をかかされることをとても嫌がります。ＳＮＳなどのネット上に「ネタ」として提供されて、自分のネタがクラスのＬＩＮＥに載って、みんなから笑われることこそが子どもたちにとってできるだけ避けたいことなのです。

このように、子どもたちの人間関係のつくり方の変化やその副作用が、日常生活に影響を及ぼしているとの報告は、全国どの地域でも聞こえてきます。

次章では、近畿地区のある府県の高校生を対象に行った大規模調査から、高校生のネット環境やいじめの実態についてみてみましょう。高校生はインターネットをどのように利用しているのか、その中でどのようなトラブルがあるのか、考えてみましょう。

第2章 大規模調査から見る高校生のネット利用の実態

1 はじめに

ネットいじめの調査については、毎年文部科学省から報告される「児童生徒の問題行動・不登校等生徒指導上の諸課題に関する調査」の中にある「パソコンや携帯電話等でひぼう・中傷や嫌なことをされる」という項目で全国的な傾向を見ることができます。二〇一九（令和元）年現在、いじめの態様のうち、ネットいじめは小学生で一・二％、中学生で八・一％、高校生で一八・七％を占めており、高校生のいじめのうち、約二割となっています[(1)]。高校生にとって、ネットいじめは非常に身近なものになっていると考えてよいでしょう。しかし、こうしたネットいじめを詳細に明らかにした調査は他になく、ネットいじめの内容やその実態を把握することは難しいと言えます。

本章では、二〇一五年に実施した大規模調査の単純集計結果を報告します。詳細な分析については各章に譲りますが、ここでは、高校生の全体的な傾向について、論じてみたいと思います。

2 大規模調査の概要および単純集計結果

表2-1は、本調査の対象学年を見たものです。二〇一五年度に順次調査を行いましたが、一年生については、入学してまだ間もないことや、ネットいじめのトラブルに遭っている生徒も少なく高校でトラブルにあっている割合は低いため、学校からアンケート実施の了解が得られやすかったことから、他学年よりも高い割合になっています。逆に、三年生については、秋以降の調査になると、進路指導の事情から回収することが難しくなり、一、二年生のみとなることが多くなり、結果的に他学年よりも少なくなっています。

表2-2は調査対象の性別を明らかにしたものです。いくつかの高校で男子高や女子高であったところもありますが、全般的に対象高校の多くが共学であったため、男女比はほぼ半分と言ってよいでしょう。

表2-3は高校生が所有する通信機器について明らかにしたものです。これを見ると、スマート

（1） 文部科学省「令和元年度　児童生徒の問題行動・不登校等生徒指導上の諸課題に関する調査結果について」。https://www.mext.go.jp/content/20201015-mext_jidou02-100002753_01.pdf（二〇二一年七月二〇日閲覧）

表2－1　調査対象の学年

	n	%
1年	26754	40.3
2年	22673	34.1
3年	15964	24.0
n/a	1008	1.5
合計	66399	100.0

表2－2　調査対象の性別

	n	%
男性	34256	51.6
女性	30995	46.7
n/a	1148	1.7
合計	66399	100.0

表2－3　所有通信機器

	スマートフォン		ガラケー		タブレット・PC		音楽プレーヤー	
	n	%	n	%	n	%	n	%
なし	5408	8.1	60618	91.3	53722	80.3	35124	52.9
あり	60991	91.9	5781	8.7	12677	19.7	31275	47.1
合計	66399	100.0	66399	100.0	66399	100.0	66399	100.0

	ニンテンドーDS等		PSP・VITA等		Wii等		プレイステーション等	
	n	%	n	%	n	%	n	%
なし	33370	50.3	45978	69.2	35884	54.0	55081	83.0
あり	33029	49.7	20421	30.8	30515	46.0	11318	17.0
合計	66399	100.0	66399	100.0	66399	100.0	66399	100.0

フォンの所有率が九一・九％であり、九割以上の高校生がスマートフォンを所有していることがわかります。これは二〇一五年調査の数値なので、現在はもう少し高い割合になっていることが予想され、高校生のスマートフォン所有率は高水準であると言えます。

一方で、いわゆるガラケーを所有している高校生も八・七％存在し、一割弱の高校生がガラケーを所有しています。ちなみに、今回の調査で携帯電話を所有していない高校生は五・六％であり、携帯電話を一台も持っていない高校生がいる一方で、スマートフォンもガラケーも所有している高校生がいることがわかります。

また、他の通信機器を見ると、ニンテンドーＤＳ等（四九・七％）や音楽プレーヤー（四七・一％）、Ｗｉｉ等（四六・〇％）などの所有率が高く、プレイステーション等（一七・〇％）やタブレット・ＰＣ（一九・七％）が低くなっています。とくに、近年においてスマートフォンの所有率が高くなるにつれて、ＰＣの所有率は低下していることは総務省の『情報通信白書』などでも明らかになっていますが、本調査からもその傾向が見て取れます。

表２－４は携帯電話の所有開始時期を問うたものです。これを見ると、今回調査した高校生の多くは、中学から高校にかけて携帯電話を所持した生徒が七割近くにのぼることがわかります。高校生の多くは中学から高校に進学するにつれて、携帯電話を所有するようになったことが窺えます。一方で、小学校以前に所有した生徒が一・三％、小学校低学年に所有した生徒も七・六％います。こうした携帯電話の所有の早期化は、すでに小学校現場でも報告されており、今後の啓発活動を考える必要があると言えるでしょう。

表２－４　携帯電話所有開始時期

	n	%
小学校以前	841	1.3
小学校低学年	5039	7.6
小学校高学年	10367	15.6
中学生	26038	39.2
高校生	20411	30.7
n/a	3703	5.6
合計	66399	100.0

表２－５はスマートフォンやガラケーを使って利用するアプリやゲームの利用率の一覧です。これを見ると、ツイッター、ＬＩＮＥ、YouTube 等のＳＮＳの利用率が高いことが窺えます。とくに、ＬＩＮＥを毎日利用する高校生は七六・七％であり、多くの高校生に

表2-5　アプリやゲームの利用率

	(1) Twitter		(2) Facebook		(3) LINE	
	n	%	n	%	n	%
毎日2時間以上	11510	17.3	545	0.8	17916	27.0
毎日10分以上	26471	39.9	2064	3.1	33024	49.7
2-3日で10分以上	4625	7.0	2571	3.9	7160	10.8
ほとんど使わない	9367	14.1	17013	25.6	3891	5.9
使ったことがない	11703	17.6	40194	60.5	2438	3.7
n/a	2723	4.1	4012	6.0	1970	3.0
合計	66399	100.0	66399	100.0	66399	100.0

	(4)ニコニコ動画		(5) YouTube		(6)アメーバピグ	
	n	%	n	%	n	%
毎日2時間以上	2928	4.4	9399	14.2	391	0.6
毎日10分以上	4899	7.4	22779	34.3	688	1.0
2-3日で10分以上	3807	5.7	16290	24.5	846	1.3
ほとんど使わない	16324	24.6	12389	18.7	14761	22.2
使ったことがない	34588	52.1	3051	4.6	45626	68.7
n/a	3853	5.8	2491	3.8	4087	6.2
合計	66399	100.0	66399	100.0	66399	100.0

	(7) mixi		(8)モバゲー		(9)ツイキャス	
	n	%	n	%	n	%
毎日2時間以上	529	0.8	589	0.9	817	1.2
毎日10分以上	756	1.1	1063	1.6	1505	2.3
2-3日で10分以上	560	0.8	741	1.1	2631	4.0
ほとんど使わない	10882	16.4	12140	18.3	8769	13.2
使ったことがない	49561	74.6	47744	71.9	40696	61.3
n/a	4111	6.2	4122	6.2	11981	18.0
合計	66399	100.0	66399	100.0	66399	100.0

	(10) MixChannel		(11) 2ちゃんねる		(12) Vine	
	n	%	n	%	n	%
毎日2時間以上	488	0.7	876	1.3	333	0.5
毎日10分以上	1706	2.6	2383	3.6	950	1.4
2-3日で10分以上	3105	4.7	2439	3.7	2022	3.0
ほとんど使わない	5496	8.3	5331	8.0	7288	11.0
使ったことがない	43559	65.6	43341	65.3	43753	65.9
n/a	12045	18.1	12029	18.1	12053	18.2
合計	66399	100.0	66399	100.0	66399	100.0

とって身近なアプリになっていると言えるでしょう。同じSNSでも、成人層の利用率が高いフェイスブックは、高校生の利用があまり見られないことと対照的になっています。

また、一部の高校生において、出会い系サイトと同様の利用が確認されているツイキャス（三・五％）やMixChannel（三・三％）を毎日利用していることには注意が必要です。

表２－６は一日当たりのメールやSNSの件数を表したものです。これを見ると、一日のやりとりがあまりない生徒が七割弱いる一方で、一〇〇件以上のやりとりをしている生徒が六・五％おり、とりわけ、一〇〇件以上のやりとりをしている生徒に対する指導をどう行うのか、といった生徒指導の観点からも留意する必要があると言えます。

上記のような状況は、ネットの利用時間からも窺えます。表２－７は一日当たりのネット接続時間を明らかにしたものです。これを見ると、ネット利用の二極化がより明確に把握できます。ほとんど利用しない、あるいは三〇分未満の生徒が三〇・〇％なのに対して、三時間以上利用している生徒は一九・三％も存在しています。ここでは、三時間以上という項目しかありませんでしたが、五時間以上利用している生徒もいることが、インタビュー調査からも明らかになっており、ネット依存とも言える状態にある生徒がいることがわかっています。生徒の日常生活に影響があることが予想されます。

表２-６　SNSの利用件数

		n	%
	10件未満	23823	35.9
	10-30件	20922	31.5
	30-50件	9445	14.2
	50-100件	6331	9.5
	100件以上	4308	6.5
	n/a	1570	2.4
合計		66399	100.0

表２-７　１日当たりネット接続時間

		n	%
	ほとんど使用しない	7148	10.8
	30分未満	12767	19.2
	30分-１時間	14068	21.2
	１-３時間	18227	27.5
	３時間以上	12810	19.3
	n/a	1379	2.1
合計		66399	100.0

表２-８　ネットに関するルールの有無

		n	%
	決めている	17608	26.5
	決めていない	46662	70.3
	n/a	2129	3.2
合計		66399	100.0

ネット利用のルールについて

表２－８はネットに関するルールの有無を明らかにしたものです。これを見ると、「決めていない」家庭が七〇・三％もあり、高校生は家族からネットルールを決められておらず、比較的自由にスマホやネットを利用していることが窺えます。高校生でアルバイトを始める生徒も多いため、保護者の中には「自分たちよりも子どものほうがネットに詳しい」と考えて、ルールを設けない家庭や、小学生のときに設けていたフィルタリングを高校生になると解除するといった事例も報告されています。こうした状況が高校生のネットルールの少なさに影響を与えていると考えられるのです。

ネットルールを設けている二六・五％の高校生が答えたルールの内訳を表したのが表２－９です。ルールの内容としては「マナー」（一〇・二％）や「料金の上限」（九・九％）、「ネット制限」（九・一％）が高くなっています。例えば、「食事中にケータイを触らない」や「あえて料金を無制限にせず、上限を超えたら自分でケータイ料金を支払う」などでしょう。このような子どもたちのスマホに対するモラルやお小遣いに関わるルールが高い一方で、「保護者の承認がないとアプリをインストールできない」（二・二％）や「やりとりする相手を制限している」（一・七％）は低くなっており、保護者が高校生のネット利用を制限するようなルールは低いことがわかります。

表２－10は上記のルーを遵守しているかどうかを明らかにしたものです。これを見ると、多くの高校生は守る（二九・五％）と答えています。家庭でルールを設けると、子どもたちのネットモラルにはある程度効果があることがこの表から窺えます。

表2-9　ネットルールの内訳

		(1)料金の上限		(2)利用時間制限		(3)利用場所制限		(4)相手制限	
		n	%	n	%	n	%	n	%
	なし	52027	78.4	53857	81.1	54912	82.7	56015	84.4
	あり	6546	9.9	4569	6.9	3221	4.9	1780	2.7
	n/a	7826	11.8	7973	12.0	8266	12.4	8604	13.0
合計		66399	100.0	66399	100.0	66399	100.0	66399	100.0

		(5)ネット制限		(6)マナー		(7)フィルタリング		(8)保護者承認	
		n	%	n	%	n	%	n	%
	なし	52314	78.8	51986	78.3	52119	78.5	56230	84.7
	あり	6062	9.1	6800	10.2	5653	8.5	1466	2.2
	n/a	8023	12.1	7613	11.5	8627	13.0	8703	13.1
合計		66399	100.0	66399	100.0	66399	100.0	66399	100.0

表2-10　ネットルールを守るか

		n	%
	ほとんど守っている	10870	16.4
	だいたい守っている	8687	13.1
	あまり守っていない	1293	1.9
	まったく守っていない	558	0.8
	n/a	44991	67.8
合計		66399	100.0

表２－11　ネットいじめの被害割合

		n	%
	たくさんある	905	1.4
	時々ある	1722	2.6
	たまにある	2911	4.4
	あまりない	6405	9.6
	まったくない	51777	78.0
	n/a	2679	4.0
合計		66399	100.0

ネットいじめの実態

表２－11はこれまでのネットいじめの被害の割合を明らかにしたものです。本調査におけるネットいじめの被害の割合は八・四％（「たくさんある」「時々ある」「たまにある」の合計）でした。これを低いと判断するのか、高いと判断するのかは評価が分かれるところですが、これまでの本研究グループの調査では、高校生のネットいじめの割合は一〇％を超えることが多かったことから、若干ですがネットいじめの発生率は低くなっていると指摘できます。

表２－12はネットいじめの被害に遭った時期を表したものです。これを見ると、中学と高校での発生率が同程度となっていることがわかります。高校生を対象とした調査であるため、全員が中学校の三年間を経験していることになります。一方で高校を何年経験しているかどうかはまちまちです。にもかかわらず同程度であるということは、高校での発生率は中学よりも高いと想定できます。文部科学省の調査と同様に、本調査においても中学よりも高校でのネットいじめの発生率は高いと言えるでしょう。

表2-12　ネットいじめの被害時期

	高校		中学校		小学校	
	n	%	n	%	n	%
経験なし	62976	94.8	63293	95.3	65660	98.9
単発であり	2490	3.8	2181	3.3	450	0.7
複数回あり	933	1.4	925	1.4	289	0.4
合計	66399	100.0	66399	100.0	66399	100.0

表2-13　ネットいじめの内容

	(1)電話で悪口		(2)中傷メール		(3)プロフブログ		(4)学校裏サイト	
	n	%	n	%	n	%	n	%
なし	57264	86.2	57201	86.1	57245	86.2	57555	86.7
あり	460	0.7	631	1.0	649	1.0	133	0.2
n/a	8675	13.1	8567	12.9	8505	12.8	8711	13.1
合計	66399	100.0	66399	100.0	66399	100.0	66399	100.0

	(5)個人情報		(6)画像動画アップ		(7) LINE 中傷		(8) Twitter 中傷	
	n	%	n	%	n	%	n	%
なし	57459	86.5	57378	86.4	56311	84.8	55896	84.2
あり	266	0.4	333	0.5	1358	2.0	1773	2.7
n/a	8674	13.1	8688	13.1	8730	13.1	8730	13.1
合計	66399	100.0	66399	100.0	66399	100.0	66399	100.0

（注）(1)電話で自分の悪口を言われた，(2)自分を中傷するメールが送られてきた，(3)プロフやブログに悪口を書かれた，(4)学校裏サイトに悪口を書かれた，(5)自分の個人情報が書かれた，(6)自分の画像や動画をサイトに掲載された，(7) LINE でいやなことをされた，(8) Twitter でいやなことをされた

表2－13は高校生のネットいじめの内容を明らかにしたものです。これを見てみると、LINEやツイッターでの中傷が多く、ネットいじめの被害に遭った生徒（八・四％）のうち、三割以上の生徒がその被害に遭っていると考えられます。前述したとおり、LINEやツイッターなどのSNS利用は高校生での利用率が高く、ネットいじめの手段として使われやすいことが考えられます。一方で、「学校裏サイト」（〇・二％）や「個人情報の流出」（〇・四％）などの二〇〇〇年代後半の主流であったネットいじめは低くなっていることがわかります。

表2－14は高校時に遭ったネットいじめの加害者を特定できたかどうかを問うものです。これまでの調査でも明らかでしたが、子どもたちはネットいじめをする加害者が誰なのかをある程度特定できているという結果が今回の調査でも支持される形となりました。ネットいじめの割合が八・四％、特定できたと回答した割合が六・五％であるため、ネットいじめの被害者はおおむねその書き込みをしたのが誰かを特定できていると考えられます。

いじめ研究において、「助けてほしい」というSOSを発信することは、リアルいじめよりも重要であるとされています。ネットいじめは日常生活では目につきにくく、被害者からの声によってはじめて認知されることが多いためです。表2－15はネットいじめの相談相手を聞いたものですが、「相談しない」（七・三％）が最も高い割合を示しており、子どもたちはネットいじめに遭遇したとき、誰に相談すればいいのかわからないことが想定されます。中傷メールのように誰が書き込んだのか明確な場合や、被害が軽微である場合を除き、SNSの中傷を受けた場合、高校生はそのつら

表2－14　相手の特定

		n	%
	ほぼ特定できた	3418	5.1
	だいたい特定できた	919	1.4
	あまり特定できなかった	297	0.4
	まったく特定できなかった	545	0.8
	n/a	61220	92.2
合計		66399	100.0

表2－15　ネットいじめについての相談相手

	(1)父親		(2)母親		(3)祖父母		(4)兄弟姉妹		(5)叔父叔母	
	n	%	n	%	n	%	n	%	n	%
なし	56801	85.5	55631	83.8	57442	86.5	57986	87.3	58350	87.9
あり	949	1.4	2240	3.4	238	0.4	519	0.8	140	0.2
n/a	8649	13.0	8528	12.8	8719	13.1	7894	11.9	7909	11.9
合計	66399	100.0	66399	100.0	66399	100.0	66399	100.0	66399	100.0

	(6)先生		(7)友達		(8)ネット上の知人		(9)相談しない	
	n	%	n	%	n	%	n	%
なし	56730	85.4	54066	81.4	57076	86.0	53528	80.6
あり	1026	1.5	3967	6.0	605	0.9	4841	7.3
n/a	8643	13.0	8366	12.6	8718	13.1	8030	12.1
合計	66399	100.0	66399	100.0	66399	100.0	66399	100.0

さを誰に打ち明ければいいのか、思い悩む姿が浮かび上がります。その中でも最も多いのが「友達」（六・〇％）であり、「母親」（三・四％）の二倍近い数値となっています。ＳＮＳでのトラブルを保護者に相談したとしても、保護者がＳＮＳについて理解が乏しい場合、適切なアドバイスをもらえるとは限りません。高校生は自分と同じようにＳＮＳを利用している友達に被害を相談する割合が高くなることは必然でしょう。しかし、友達はインターネットの専門家ではないため、被害についての共感は得られても、適切な対応につながるとは考えにくく、結果として、相談しないという選択をする高校生が少なくないのではないでしょうか。

高校生の意識について

表２－16は個人の特徴を踏まえるための項目を一覧にしたものです。三四項目もあるため、少し見づらいかもしれませんが、ここで指摘したい点が三つあります。

一つめは日常生活でのケータイ利用の高さです。(5)「ＬＩＮＥや他のＳＮＳを使える」（五七・四％）、(6)「ケータイを手放すことが不安だ」（一五・二％）、(12)「友達との会話はＬＩＮＥや他のＳＮＳを使うことが多い」（二三・六％）など、ケータイ利用やケータイ依存を示す項目において「とてもあてはまる」生徒が一定数存在していることに留意しなければなりません。

二つめに、リアルでのいじめの存在です。(7)「ひやかし、からかい、悪口を言われたことがある」（九・一％）、(8)「仲間外れや、集団で無視をされたことがある」（四・八％）、(9)「ひどく叩かれ

表2－16　高校生の意識

	(1)いつも遊ぶグループがある		(2)悩みがあれば友達に相談する		(3)人と話すときは面と向かって話したい	
	n	%	n	%	n	%
とてもあてはまる	26635	40.1	19440	29.3	24844	37.4
どちらかといえばあてはまる	26833	40.4	23526	35.4	29161	43.9
どちらといえばあてはまらない	6598	9.9	12976	19.5	7331	11.0
まったくあてはまらない	3156	4.8	7188	10.8	1592	2.4
n/a	3177	4.8	3269	4.9	3471	5.2
合計	66399	100.0	66399	100.0	66399	100.0

	(4)自分は友達が多いと思う		(5) LINE や他のSNS を使える		(6)ケータイを手放すことが不安だ	
	n	%	n	%	n	%
とてもあてはまる	9377	14.1	38119	57.4	10121	15.2
どちらかといえばあてはまる	27042	40.7	17851	26.9	20832	31.4
どちらといえばあてはまらない	20113	30.3	3831	5.8	20910	31.5
まったくあてはまらない	5857	8.8	3029	4.6	10914	16.4
n/a	4010	6.0	3569	5.4	3622	5.5
合計	66399	100.0	66399	100.0	66399	100.0

	(7)ひやかし，からかい，悪口を言われたことがある		(8)仲間外れや，集団で無視をされたことがある		(9)ひどく叩かれたり，金銭をたかられたことがある	
	n	%	n	%	n	%
とてもあてはまる	6060	9.1	3212	4.8	1024	1.5
どちらかといえばあてはまる	13991	21.1	6167	9.3	1829	2.8
どちらといえばあてはまらない	16824	25.3	12489	18.8	5016	7.6
まったくあてはまらない	18506	27.9	32089	48.3	46164	69.5
n/a	11018	16.6	12442	18.7	12366	18.6
合計	66399	100.0	66399	100.0	66399	100.0

	⑽自分が通っていた中学校は落ち着いていた		⑾家族との会話は多いほうだ		⑿友達との会話はLINEや他のSNSを使うことが多い	
	n	%	n	%	n	%
とてもあてはまる	18249	27.5	25139	37.9	15692	23.6
どちらかといえばあてはまる	20883	31.5	24459	36.8	22393	33.7
どちらといえばあてはまらない	15379	23.2	10339	15.6	18319	27.6
まったくあてはまらない	7911	11.9	2765	4.2	6048	9.1
n/a	3977	6.0	3697	5.6	3947	5.9
合計	66399	100.0	66399	100.0	66399	100.0

	⒀学校での出来事を保護者に話すことが多い		⒁友人関係について保護者に話すことが多い		⒂ケータイやPCのやりとりを保護者に話す	
	n	%	n	%	n	%
とてもあてはまる	16737	25.2	12621	19.0	3977	6.0
どちらかといえばあてはまる	22228	33.5	18361	27.7	8793	13.2
どちらといえばあてはまらない	16817	25.3	21043	31.7	23348	35.2
まったくあてはまらない	6620	10.0	10271	15.5	25986	39.1
n/a	3997	6.0	4103	6.2	4295	6.5
合計	66399	100.0	66399	100.0	66399	100.0

	⒃学校で配られるプリントを保護者に渡す		⒄朝起きたら家族にあいさつする		⒅普段（平日），朝食を保護者と一緒に食べる	
	n	%	n	%	n	%
とてもあてはまる	21064	31.7	25826	38.9	13294	20.0
どちらかといえばあてはまる	24053	36.2	17935	27.0	10390	15.6
どちらといえばあてはまらない	12730	19.2	11389	17.2	16439	24.8
まったくあてはまらない	4372	6.6	7070	10.6	22051	33.2
n/a	4180	6.3	4179	6.3	4225	6.4
合計	66399	100.0	66399	100.0	66399	100.0

	⑲普段(平日),夕食を保護者と一緒に食べる		⑳一人よりも友達と一緒のほうが楽しい		㉑外へでかけることが多い	
	n	%	n	%	n	%
とてもあてはまる	26116	39.3	24234	36.5	13537	20.4
どちらかといえばあてはまる	18692	28.2	26470	39.9	22065	33.2
どちらといえばあてはまらない	10917	16.4	8987	13.5	21084	31.8
まったくあてはまらない	6463	9.7	2268	3.4	5221	7.9
n/a	4211	6.3	4440	6.7	4492	6.8
合計	66399	100.0	66399	100.0	66399	100.0

	㉒近所の人に会ったら挨拶する		㉓自分は周囲から気軽に何でも頼まれやすいと思う		㉔自分のネタで話が盛り上がることが多い	
	n	%	n	%	n	%
とてもあてはまる	23920	36.0	6837	10.3	4716	7.1
どちらかといえばあてはまる	25343	38.2	22729	34.2	18467	27.8
どちらといえばあてはまらない	9788	14.7	20001	30.1	27693	41.7
まったくあてはまらない	3034	4.6	4602	6.9	6893	10.4
n/a	4314	6.5	12230	18.4	8630	13.0
合計	66399	100.0	66399	100.0	66399	100.0

	㉕自分がいることで周囲が盛り上がる		㉖自分はレス(返信やコメントなど)が早いほうだと思う		㉗LINE や他の SNS で自分の書き込みにコメントがほしい	
	n	%	n	%	n	%
とてもあてはまる	2834	4.3	7419	11.2	3791	5.7
どちらかといえばあてはまる	15171	22.8	17033	25.7	12111	18.2
どちらといえばあてはまらない	26218	39.5	19787	29.8	21370	32.2
まったくあてはまらない	7496	11.3	8770	13.2	15359	23.1
n/a	14680	22.1	13390	20.2	13768	20.7
合計	66399	100.0	66399	100.0	66399	100.0

	⑻ Twitterで複数のアカウント(ID)を持っている		⑼ LINEはずしをしたことがある		⑽ LINEの既読無視をしたことがある	
	n	%	n	%	n	%
とてもあてはまる	12560	18.9	2425	3.7	18634	28.1
どちらかといえばあてはまる	7168	10.8	3314	5.0	14306	21.5
どちらといえばあてはまらない	5006	7.5	7406	11.2	9413	14.2
まったくあてはまらない	27929	42.1	38196	57.5	10407	15.7
n/a	13736	20.7	15058	22.7	13639	20.5
合計	66399	100.0	66399	100.0	66399	100.0

	⑾普段の生活の中で撮った写真をネットに投稿したことがある		⑿ネットで知り合った人と実際に会ったことがある		⒀課金ゲームをしたことがある	
	n	%	n	%	n	%
とてもあてはまる	18473	27.8	5612	8.5	8523	12.8
どちらかといえばあてはまる	12797	19.3	3903	5.9	5691	8.6
どちらといえばあてはまらない	6322	9.5	4260	6.4	4653	7.0
まったくあてはまらない	15228	22.9	39040	58.8	34089	51.3
n/a	13579	20.5	13584	20.5	13443	20.2
合計	66399	100.0	66399	100.0	66399	100.0

	⒁ LINEのグループ数は多いほうだと思う	
	n	%
とてもあてはまる	9025	13.6
どちらかといえばあてはまる	17259	26.0
どちらといえばあてはまらない	17797	26.8
まったくあてはまらない	8726	13.1
n/a	13592	20.5
合計	66399	100.0

たり、金銭をたかられたことがある」（一・五％）など、高校生はこれまでにリアルでのいじめに遭遇し、「とてもあてはまる」生徒への対応が必要であることが窺えます。

三つめに、ネットいじめの加害とも受け取れる項目での高校生の実態です。LINEはずしや既読無視は、高校生にとって何気ない行動のひとつですが、LINEはずしを受けた生徒には精神的な影響を受けることも少なくありません。(29)「LINEはずしをしたことがある」（三・七％）、(30)「LINEの既読無視をしたことがある」（二八・一％）などに「とてもあてはまる」生徒については、友人関係のトラブルなど、生徒指導上の指導が必要となるでしょう。

今回の調査を概観すると、高校生の生活にスマートフォンやインターネットは深く浸透していると考えられます。とりわけ、SNS利用については、かなり広範囲に広がっており、それはネットいじめの内容からも窺えます。換言すれば、これだけインターネットが身近になれば、ネットを用いたいじめが広がるのも必然であるとも言えます。こうした実態をもとに、ネットいじめを抑止する対応が求められます。しかし単純に「スマホを適切に利用しよう」という掛け声だけでは、抑止することは不可能です。もっと高校生の日常をできるだけ正確に把握したうえで、その生徒たちに有効な手立てを提示することが大人に求められていると言えるでしょう。

【付記】

本章は1節を原が、2節を浅田が担当したが、その責任は両者が等しく負うものである。

第3章 ネットいじめの実態と高校生の「つながり」を考える

1 ネットいじめの最前線

ネットいじめの姿は、筆者らのグループの研究当初である二〇〇〇年代後半から徐々に変化し始めています。ネットいじめの初期によく見られたのは、確信犯的に特定の人間を誹謗したり中傷したりするものでした。例えば、ある個人のメールやブログに「うざい」「キモイ」といったことを送信したり書き込んだりするものです。こうしたタイプも現在のネットいじめからまったくなくなってはいませんが、近年その割合は低くなっています。前章のデータからもわかるとおり、一〇年前のデータと比べると個人を攻撃するようなネットトラブルは少なくなっています。

それに代わって最近増加しているのは、発信する側に悪意がなくとも、読み手側が悪意を感じ、結果的に炎上を招いている事例です。例えば、中学生などがＳＮＳで部活動の活動の結果、「県大会で優勝しました」というコメントと写真を載せます。すると、このチームに負けてしまったところは「〇〇中学の連中、優勝したからって調子に乗ってる」とＳＮＳで書き込みます。結果的に、優勝したチームが「勝手な連中だ」「自分たちが勝ったらそれでいいと思っているのか」と責められるのです。書き込みをする側に誹謗中傷するような意図はありません。自分たちのチームが頑張って優勝しましたということをコメントしたにすぎません。ところが、それがネット上のトラブルを招いているという実態があります。保護者は自分の子どもの書き込みに注意が必要です。「運動会で一位をとったよ」と書き込もうとしたら、止めてあげましょう。それを二位や三位だった子やその保護者が見たとき、どう思うかを考えさせることが必要になります。誰も誹謗中傷していない書き込みであっても、読み手の側が悪意を感じると、その書き込みは許容されません。

先日、ある高校生がアルバイトのお金を貯めて車を買ったことをＳＮＳに書き込んだところ、「アルバイトする暇があったら勉強しろ」「高校生で車を買うなんて贅沢だ」「どうせ勉強しなくてもいいような学校に行っているに違いない」と炎上した事例は、まさに近年のネットトラブルの典型例と言えるでしょう。

これが現在の子どもたちを取り巻くインターネットの現状です。子どもたちには悪意や誹謗中傷してやろうという意図はほとんどなく、むしろ周囲を気遣い、自分のがんばったことをＳＮＳで記録しているような感覚だと言えるでしょう。誰かをいじめよう、いやな気持ちにさせようといった意図はほとんどありませんでした。ところが、特定の子どもたちのことを配慮していないように受け止められるために、ネットいじめの事例となるのです。

2 高校階層別に見たネットいじめ

ここでは、前章で示したデータを分析した結果の一部を紹介しましょう。調査を行ったすべての高校を階層別にしたとき、ネットいじめはどのような分布を示すのかを表したのが図3-1になります。

左に行くと多様な進路を形成する学校群が、右に行くと大学進学を前提にした学校群が並ぶと考えてください。横軸は学力の高さ、縦軸はその学校群でのいじめやネットいじめの発生率になります。そうすると、三つのことが指摘できます。

一つめの特徴は、ゆるやかではありますが、左側に位置する学校ほど、ネットいじめの発生率が高くなるということです。勉強の得意な子が少ない学校でスマートフォンなどを所有する割合が高まると、ネットいじめの発生率が高くなる傾向が見られました。では、この子たちのネットいじめの特徴はどこにあるのでしょうか。見えてきたのは、ソーシャルゲームや個人のブログやメールでの誹謗中傷など、直接相手とやりとりを行うものです。例えば、気に入らない出来事や相手がいると、ネットにそのまま個人を特定できるように書き込んで攻撃するタイプが多くなるのです。

二つめの特徴は、先ほどのような学力の高くない学校群とは反対に、非常に学力の高い学校群においても、ネットいじめの発生率が少し上がることです。最も右側の学校、一般的に進学実績の高い

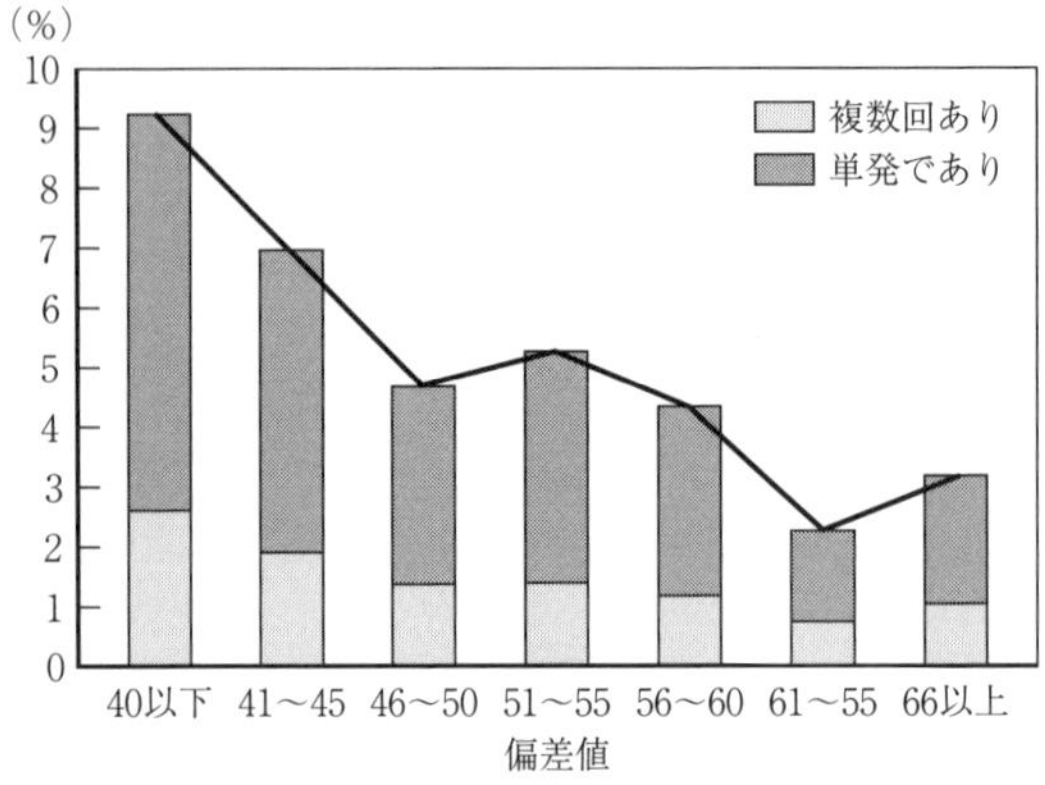

図3-1　高校階層×高等学校でのネットいじめの発生率

（出典）筆者作成。

学校群のネットいじめの特徴は、「間接攻撃型」と呼ばれるものが多いことです。例えば、ＳＮＳでクラスの子のことを「あいつ隣のクラスの○○に告った（告白した）らしい。よくやるよ」といった、特定の個人のことをネタにして笑いを提供するようなネットいじめです。

一つめの学校群、すなわち学力の低い学校群のネットいじめは、アミューズメントを含めて、ゲーム等で気に入らないことがあると直接ネットを介して攻撃するものが多くなる。反対に、二つめの学力の高い学校群のネットいじめは、日頃の受験ストレスを払拭するために笑いを前提としたネタの提供が盛んに行われる。ゆえに、右に移動するほど、悪意のあるいじめは影をひそめます。書きこむ側も、「これを書くのはよくないな」と思いながら、笑いを提供しているつもりでいるし、相手も笑っているからいいだろうと思うのです。

三つめの特徴は、学力階層の中位の学校群でもネットいじめの発生率が高くなることです。筆者らの研究グループには高校研究を中心にする者もいますが、この学校群でネットいじめの割合が高くなることは想定外でした。したがって、グラフ全体を見渡すと、Wの形になります。なぜ学力中位の学校群でネットいじめの発生率は高くなるのでしょうか。この学校群がネットいじめの観点から注意が必要な理由として、彼らの「つながり」が背景にあります。

例えば、一つめの学校群において、その進路の多くは就職です。反対に、二つめの学校群の進路は国公立大学や医学部といった入学難易度の高い進学が多くを占めます。ところが、三つめの学校群では、生徒の進路は多岐にわたります。ある生徒は国立大学、ある生徒は私立の四年制大学、ある生徒は短期大学、就職を希望する生徒もいます。つまり、クラス四〇人の中に多様な進路が形成されているのが三つめの学校群の特徴です。ここが筆者ら研究グループの盲点であった、価値観の多様性です。三つめの学校群は多様なタイプの子が混在しているのです。部活であれば「一生懸命やりたい」という子と「部活なんて楽しんだらいい」という子たちが同程度いる学校群と言ってもいいでしょう。

このような価値観の異なる集団にはグループ間で大きな葛藤が生まれやすいと言われています。文化人類学者のセリン（T. Sellin）は移民研究からあることに気づきました。その地域にずっと住んでいた人たち、すなわち土着の文化が支配的だった地域の中に新たな住民であるニューカマーがやって来ます。最初は昔ながらの人たちが多数を占めていますから、彼らの文化にニューカマーが合わせることになります。しかし、ニューカマーが多くなると、文化のぶつかり合いが生じるのです。お互いに「お前の言っていることはおかしい」となる。一〇対一では意見の相違は多数派に取り込まれることになりますが、一対一の大きさになると大きな葛藤が生じるのです。さまざまな考え方や価値観が同程度に存在すると、それぞれの考え方に対しては、一見多様性が担保されているように見えますが、お互いが自分の価値観へ引っ張ろうとするため、そのぶつかり合いが大きくなります。セリンはこれを「文化葛藤理論」として論じました。

高校群で最も文化の葛藤が起こるのが三つめの学校群です。多様な価値観が同程度存在するため、文化のぶつかり合いが最も起こりやすい環境にあるからです。三つめの学校群の生徒はとくに自分と同じ価値観をもつ人間は友達だけど、自分と異なる考え方や価値観をもつ人は友達ではなく、攻撃の対象にさえなり得る傾向にあるのです。

3 いじめを抑止するために——「効果のある学校」論から考える

それでは、高校生の実態を踏まえて、どのような取り組みが必要になるのでしょうか。志水宏吉が調査をしている「効果のある学校」論研究を紹介しましょう。今回の大規模調査には、三つめである学力中間層の学校には、本来であればもう少しネットいじめの発生率は高くなる学校群なのに、他と比べてネットいじめの発生率が抑えられている学校がありました（図3-2）。志水の研究の視点

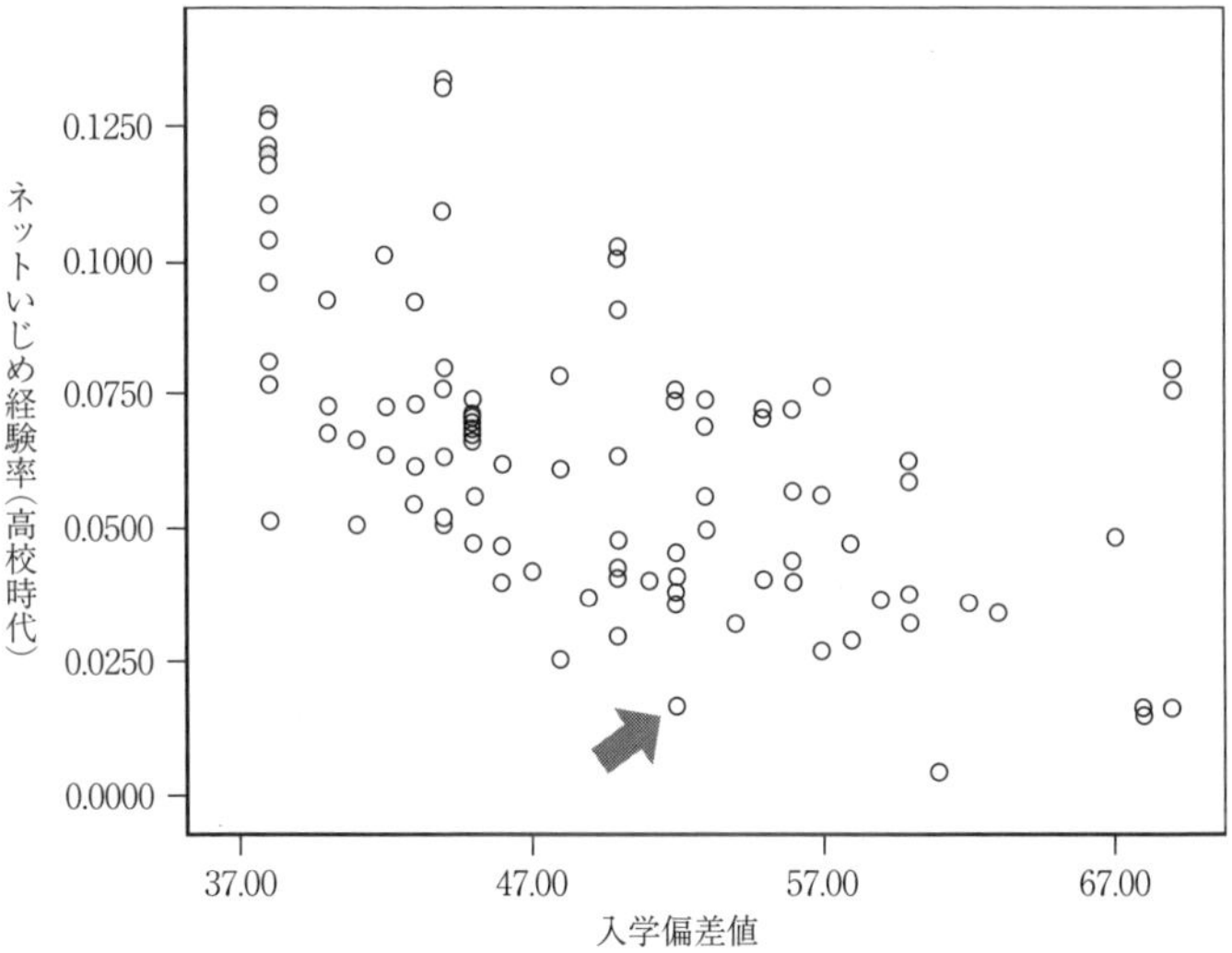

図3－2　効果のある学校（矢印）

（出典）　筆者作成。

からすると、この学校はeffective school（エフェクティブ・スクール：効果のある学校）と言えます。なぜ、その学校にネットいじめが少なかったのでしょうか。筆者ら研究グループはこの学校へ行き、三日間学校の様子をすべて見せてもらうことができました。最終日に先生方や校長先生も含めて「この学校でなぜネットいじめが少ないのか」という検討会を行いました。そこで明らかになったことがあります。この学校で最も大切にされていたのは、子どもたちの人権でした。それが授業であっても、部活であっても、すべての場面で先生方の指導に共通していたことだったのです。

　例えば、授業中の先生方の発問内容はほぼ「オープンエンド」な問いでした。

「クローズエンド」、すなわち「3＋5はいくつ？」という答えが一つしかない問題を生徒に問うことはありませんでした。なぜなら、答えが一つしかない問いであれば、不正解であると「間違いだ」としか教師は返せません。つまり、人権を大事にする授業とは、子どもたちの発言をけっして否定せず、「そうか、君の考え方は一理あるよね」といった、生徒の意見を受けとめる先生方の姿が随所で見られる授業であると言えます。そこから、「どうしてそう考えたの？」といった理由にまで踏み込み、生徒の考えに寄り添う先生の姿勢がありました。

授業ひとつを取ってもこうした工夫がなされている学校でした。結果として、子どもたちからすると、安心・安全な学校であるという感覚を持ちやすい学校だと思うでしょう。こうした子どもたちの人権に対する意識が学校全体で醸成されている学校の中で、ネットいじめが減じられているのです。

つまり、ネットいじめとは、単純な他者に対する攻撃性というより、自分自身の考え方や価値観を認めてもらえないことへの葛藤であり、それが長じてしまうのではないでしょうか。とりわけ、他者とのつながりを安易に行えるインターネットやスマホの流行がそれを後押ししてしまい、子どもたちの生活に影を落としているのです。今の子どもたちは、以前と比べてさまざまな価値観が葛藤しやすい環境にあり、それが些細な違いであっても、容易に他者を攻撃する動機になり得ます。そこに不特定多数に発信力を持つ道具を渡せば、危険な状態に陥るのは当たり前のことです。

では、どのように子どもたちのネットいじめを抑止すればよいのでしょうか。ここでは、筆者が調査に協力していただいている中学校や高校を中心に行っている取り組みとその成果について紹介したいと思います。

筆者は中学生や高校生を前に、前章で示したデータを用いながら、いじめに関する啓発の講演会を行っています。例えば、人間同士のつながり合いの大切さや、友人関係のつながりに関する話です。そうすると、啓発活動を行った学校では図３－３のように人間関係に関する項目の数値が上がっていくことがわかりました。そして数値が上がると同時に、その学校でのネットいじめの認知件数も上がってきました。表３－１を見ると、ネットいじめは増えてきたんじゃないかと感じるかもしれませんが、ここは重要なところです。これまで「いじめを受けた」と声を出せない子からも「こんなことがあった」と声を出しやすくなったと考えられるからです。人間関係の結びつきが強くなると、ちょっとしたことでも、「それはよくない」と子ども同士で言い合う環境が形成されつつあるのです。

そして、啓発活動の効果として、ネットいじめの重篤度合いが下がること、これが大きな成果と言えるでしょう。つまり、いじめが軽い段階、すなわちいじりやちょっとした冗談で言い合うものでも、「今のはいやだった」「それは駄目だ」という会話ができるようになったことで、いじめの内容が軽微なもので収まるのです。いじめの認知件数が上がったとしても、それは心配することではないという原因がここにあります。

一般的な報道で、いじめの認知件数が高い地域、例えば近畿圏であれば京都府はわが国でも最も

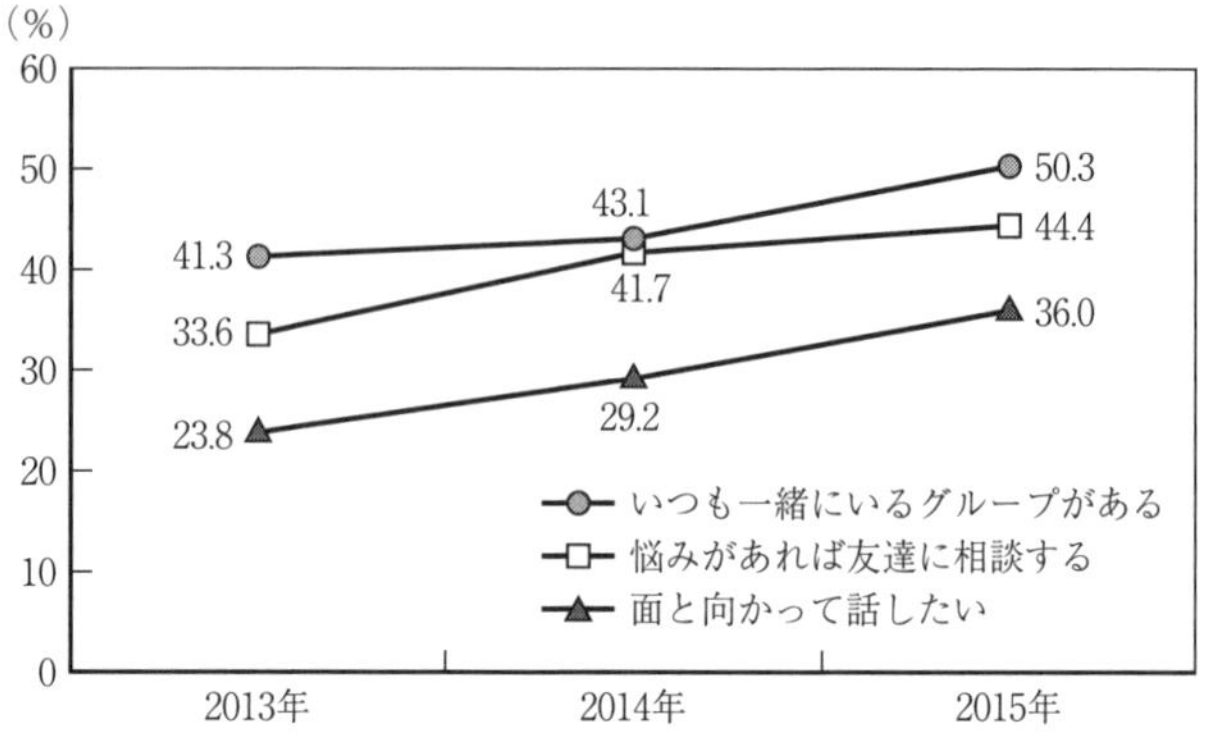

図3－3　友人関係に関する項目の改善

（出典）　筆者作成。

表3－1　重篤ないじめの発生を抑止する

ネットいじめの有無 (%)

	たくさんある	時々ある	たまにある	ほとんどない	まったくない
2013年	1.9 (n=3)	0.0 (n=0)	3.6 (n=6)	8.2 (n=13)	86.1 (n=136)
2015年	0.8 (n=1)	2.4 (n=3)	15.4 (n=19)	18.7 (n=23)	62.6 (n=77)

$p<0.001$

ネットいじめの重さ (%)

	軽度	重度
2013年	50.0 (n=3)	50.0 (n=3)
2015年	86.7 (n=13)	13.3 (n=2)

$p<0.1$

（出典）　筆者作成。

発生件数の多い地域であり、危ないのではないかと言われることが多いです。確かにいじめの認知件数が高く、なおかつ重篤なケースも多いのであれば、それは深刻な状況であると言えるでしょう。しかし、京都では認知件数が高くても軽微ないじめが多く、先生方がいじめの初期の段階でいじめを認知し、当該の子どもたちにきちんと指導することで、その多くが解決されたものであると報告されています。

いじめ指導の最も難しいものは、生命の危機にあるような重篤な状態になった後の指導です。教育相談の原理として、事態が起こった後に行う対処的教育相談、子どもたちの進路等に行う開発的教育相談、問題が起こる前に行う予防的教育相談の三つがありますが、啓発活動の効果は、子どもたちに予防的なアプローチを行っていることです。本来であればいじめを起こさないのが一番ですが、子どもが「しんどい」「いやだ」と先生や友達に言いやすい環境をつくり、軽微なものからひとつずつ指導を行うのであれば、先生方にも大きな負担になりません。したがって、認知件数が多い京都府に対して、文部科学省は非難せず、むしろ「京都はいじめ対策のモデル地域である」と報告しています。事実、京都府のいじめ問題における解決の割合は九七・八％であり、全国でもトップクラスの解決率となっています。

このように、いじめ対策の重要な点は、いかに初期の段階で子どもたちの状況を把握し、教師や学校での指導を入れるかにかかっています。学校の中に隠蔽した結果、いじめが大きくなり、子どもたちの生命に関わる事例が出てしまってから「どう解決すればよいでしょうか」と問われても、誰も解決できる万能策はありません。

そのときに必要なのは、学校ではいじめに対してどのような取り組みをしていたのかというエビデンス（数的根拠）です。一部の地域におけるいじめ対策として、どのような学校でも同じような啓発活動をしている学校があります。A高校、B高校、C高校と学力階層が異なれば、発生したいじめの内容も特定の子どもに直接誹謗中傷を行うものから、いじりの延長である子を笑うようなものまで多岐にわたります。それにもかかわらず、「相手に対して不快な表現をネット上でしないでおきましょう」といった通り一遍の対策をしても、効果を持つとは言い難いです。これまでのデータからもわかるように、学校によっていじめの実態は大きく異なります。したがって、その学校で今起こっているいじめやいじりの実態に合わせた対策をしないと何の意味もないのです。

学校や教師は、子どもたちの実態をしっかりと認識したうえで、そうした根拠をもとに対策を練ることが重要になります。すると、同じカテゴリーにある中学校や高校でもA中学校とB中学校では実態が違い、C高校とD高校では全然実態が違うという場合が十分あり得るのです。子どもたちにきちんと調査をすれば、C高校でやらなければならないことと、D高校で必要とすることは異なるはずです。これを学校や教師は意識して取り組まなければなりません。

4 高校生の「つながり」を考える——社会関係資本のあり方

ここで改めて高校生のつながりについて考えたいと思います。なぜなら、これもいじめを抑止するために必要な視点であるからです。

二〇〇八年から、わが国では全国学力・学習状況調査が行われるようになってきました。そこで調査開始当初からずっと学力上位にあるのは秋田県や福井県です。ここでは、その学力の高さの背景として、秋田の子どもたちは対話力や発表力や発言力、プレゼンテーション力が高く、それに対して、福井の子どもたちは授業に対する規範性が強いという結果があります。

子どもの学力を規定する要素はいくつかあり、親の持つ経済力や家庭の持つ文化資本（休日に家族で博物館に出かける、親子で料理やおやつをつくるといった習慣）は学力との親和性が高いとこれまで明らかにされています。例えば、二〇〇〇年前後から東京大学、お茶の水女子大学、国立教育政策研究所等がこれまで同様の調査の結果やデータを提示してきました。

ところが、それをさらに越える変数として、「効果のある学校」論の志水は人間同士がつながり合う力の影響力を指摘し、それを「社会関係資本」という言葉で説明しました（図3-4）。この社会関係資本が高い親に育てられると、子どもの社会関係資本が強く規定されます。つまり、保護者のつながる力が強ければ、子どもたちのつながる力は強くなるというものです。結果として、親の

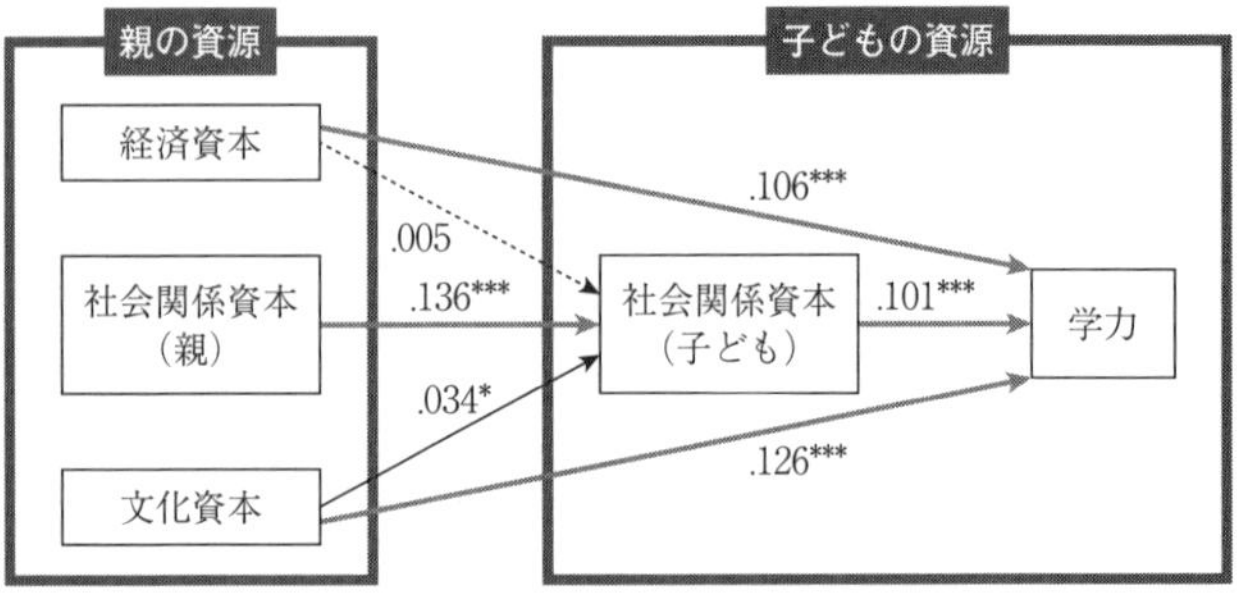

図3-4　「つながり力」と学力との関係

（出典）　志水宏吉（2014）『「つながり格差」が学力格差を生む』亜紀書房。

つながり力が子どものつながり力を規定し、その力が子どもの学力を上げるという学説を発表しました。

社会関係資本（ソーシャル・キャピタル）とは相互利益のための調整と協力を容易にするネットワーク、規範、社会的信頼のような社会的組織の特徴を表す言葉で、アメリカの社会学者パットナム（R. Putnam）が定義したものです（Putnam 訳書、二〇〇六）。社会関係資本を論じる研究の中で、パットナムは、集団の凝集性を高める「結束型」資本と、異なるグループをつなげる「橋渡し型」資本の違いを指摘しました。前者は排他的なアイデンティティと等質な集団を強化するものであり、内向きの志向ではあるものの集団内の互酬性と連帯を高める点に注目しました。それに対して、後者は異なる外部集団をまとめたり、広範囲の情報共有にすぐれており、大きな集団へ向けたアイデンティティを構築する点を利点としています。今日の子どもたちに求められる「つながり力」とは、とりわけ後者の「橋渡し型」に思いをいたすことではないでしょうか。第一章の宮台の指摘を借りれば、今の子どもたちは、島の内部のつながりは非常に強いですが、一方で異質な他者をつなげる「橋渡し型」の社会関係資本を構築しようとする力や意識は高くありません。自分の島の外にある、異なった島にも目を向けたり、ましてや、島同士をブリッジできる高校生はいまどの程度いるのでしょうか。いじめを受けている生徒や、人間関係がうまく取り結べずに教室で立ちすくむ他者に対して、思いやりの心をもって「うちのグループに来たらいいよ」と声をかける高校生は残念ながら少ないでしょう。いじめを抑止するためには、こうした「橋渡し型」の社会関係資本をどのように子どもたちに形成させるのかといった視点が必要になるでしょう。

高校生調査の結果を見ると、すでに「デジタル・ネイティブ」としての価値観は定着しつつあります。過日もある高校の講演で、近畿圏の大学で起こったプリンの誤発注事件を話題にしたことがあります。大学生協の商品発注担当者が、ネット上での発注システムで入力するプリンの個数を誤ってしまい、通常二〇個の発注を二〇〇〇個と入力し、そのまま配送されてしまいました。このとき、当時その大学に通う学生が機転を利かせ、SNSサイトで「うちの大学でプリンを大量発注してしまったそうです。値下げしていますので、近隣の方はぜひお買い求めください」と宣伝したところ、たちまち二〇〇〇個のプリンが即日完売になったという事例です。

筆者は、ある程度大人になってからデジタル社会になじむことになったデジタル・イミグラント（デジタル移民）なので、「なぜ注文書を受け取ったときに、電話を一本かけて『この注文は本当に二〇〇〇個でよろしいでしょうか』と確認しなかったのだろうか」といった類の話を高校生にしました。ところが、講演後の質疑応答で「発注情報に人間のつながりを挟めという考え方に違和感を覚える」とか「ネット社会では、誤発注した側の自己責任」という高校生からの反論が少なくなかったのです。高校生はネット社会においてメールやＳＮＳでのやりとりが私たちの世代よりもより多くなっています。彼ら彼女らに話を聞くと、電話で直接やりとりをするような機会はほとんどなく、むしろ電話をすることを避けるといった話をよく聞きます。「どんな相手が出るのかわからないからかけたくない」「何を話せばいいのかわからなくなる」そんな声が筆者の耳にも入ります。

では、私たちはデジタル・ネイティブである子どもたちと接するときに、どのような点に留意する必要があるのでしょうか。最近、筆者が注目している言葉はアサーション（assertion）です。アサーションという言葉を辞書で引くと「自己主張」と出てきます。自己主張という訳は間違いではないですが、筆者の意見とは少し意味が異なります。自分の意見を主張するけれど、他者との関係性の中でいかに感じよく自己主張するかということです。言い方を変えれば、意見が違うもの同士が、仮に同じ集団を構成していたとしても、人間関係を崩さず、いわゆる対立構造をつくらずに落としどころを探す力を筆者はアサーションと考えています。こうした力を子どもたちにつけていく必要があるのではないでしょうか。

この力をつけるために、もちろんさまざまなやり方がありますが、これからの大学入試の方向性の代表格がこれになります。しかしこうしたアサーティブな力が、大学の四年間につくかというと、実際は難しいと言えます。

これは溝上慎一の一連の大学生データから明らかにされています。アサーティブな力を持たない学生は、四年間でその力を育てられていません。溝上は高校一年生や二年生の段階でこの力がないと、大学に入っても伸びる可能性が少ないことを指摘しています。換言すれば、高校生や中学生から人間関係を紡ぐ力の練習をしなければ、その後身につく力とは言いにくいのです。例えば大学生の中で、四回生でいくつも就職を受けて、内定をいつももらってくるタイプの学生たちは、まさにアサーティブな力を強く持っていると言えます。関西圏のある私立大学では二〇一四年度からアサーティブ入試を行っており、報告書ではじめてアサーティブ入試で入学した学生の就職データが報告されました。それを見ると、アサーティブ入試で合格した学生たちは、そうではない学生と比べて高水準で就職を決めていました。このアサーティブな力を上げることによってネットいじめの抑止力、すなわちネットいじめの対応に十分なり得るのです。そう考えると、アサーティブな力を涵養することが今後の生徒指導の観点からも重要ではないでしょうか。自分のことを主張するのではなく、両者の落としどころを探すという言い方が、一番適しているのかもしれません。

しかし、人間関係に関する力は教師やまわりの大人が仕掛けなければ、子どもたちに「身につけろ」と言ってつく力ではありません。当然ですが、仕掛け方にも工夫が必要です。最近は、構成的グループエンカウンターといった子ども同士を取り結ぶトレーニングなどが学校現場でも導入されています。ただし、本当に効果的なのは何なのかということは、まだ学説的にも明示的ではありません。むしろ、いまそうした子ども同士をつなげる研究が端緒についたと考えられるのです。

第4章 若い世代のネット感覚についての考察

1 「本当の自分」とは？

冒頭からいきなり雑談めいて恐縮ですが、筆者は子どものころ江戸川乱歩の少年探偵団シリーズが大好きでした。そして怪人二十面相について、第一作『怪人二十面相』（現在はポプラ文庫クラシック等で読むことができます）の冒頭に「賊自身でも、ほんとうの顔をわすれてしまっているのかもしれません」とあったのが、強い違和感を伴って記憶に残っています。「すべての化粧やメークアップ、虚飾を落とせば素顔はおのずと現れるではないか、自分の素顔を忘れるとはどういうことか」と考えていたのです。

さて、二十面相の話が本題とどう関係があるのか？　それには後ほど言及しましょう。一言だけ先取りして言うと、本書第10章の「キャラ」の話と関係があるのです。

『ネットいじめはなぜ「痛い」のか』（原清治・山内乾史編著、ミネルヴァ書房、二〇一一年）を刊行したのは、ちょうどスマートフォンが日本でも普及してきたころでした。このころ授業時間中にネットでの人間関係の問題を取り上げ、学生と議論しました。その結果、当時の学生の持つ人間関係観と筆者の人間関係観との間に大きな溝があることに気づきました。当時の学生たちは、リアルな世界の友人関係とバーチャルな世界（ネット上の世界）の友人関係を巧みに使い分けていました。つまりリアルな世界において、学生たちは皆「キャラ」を演じていたわけです。グループからはみ出ないように、自分に割り振られたキャラを演じるわけです。

二〇一七年一月に重松清原作『ファミレス』をもとにした映画、阿部寛と天海祐希による『恋妻家宮本』を観ました。その中で中学校教師である宮本陽平（阿部寛）が担任しているクラスの男子、井上克也（浦上晟周）が自虐的なネタでおどけて「盛り上げキャラ」を演じているのですが、担任の陽平は克也が無理して演じているのをとっくに見抜き、「無理しなくてもいいぞ」といたわるシーンが出てきます。これは典型的なケースです。あまりにも合わない無理なキャラを演じることは難しいでしょうが、しかしあくまでも「演じる」＝つまり、本当の自分ではないというわけです。本当の自分ではない「自分」を演じ続けることに疲れてしまうこともあります。また似たようなキャラの人物がグループに入ってくると、「キャラがかぶる」ことになり、居場所を失うこともあり得ます。

「リアルな世界の「自分」が本当の「自分」ではない」……形容矛盾のような気もしますが、それでは「本当の自分」はどこにあるのでしょうか？　当時、それは、ネット上のバーチャルな世界にあるということでした。つまり、ネット上のバーチャルな世界こそが、キャラを演じないで、

「ありのままの自分」「本当の自分」をさらけ出して語れる場である……ということです。

当時の学生の、バーチャルな世界に対する感覚は、我々の世代には理解しがたいものでした。彼ら彼女らにとっては、「本当の自分」を受け入れてくれる人間こそ、真の友人＝「親友」「心友」「真友」であるというわけです。我々の世代の感覚とまったく逆なのは、バーチャルな世界でこそ、「本当の自分」を受け入れてくれる真の友人ができるという感覚です。当時の学生の中には、フェイスブックにしろ、ツイッターにしろ、本名でとったアカウントにおいてはリアルな世界同様に「キャラ」を演じ、他方、ハンドルネームでとったアカウントにおいては「本当の自分」をさらけ出すという逆転現象が多く見られました。

我々の世代にとってはバーチャルな世界はリアルな世界の補完物であって逆ではないのですが、当時の学生たちの感覚はまったく異なっていたわけです。それどころか、バーチャルな世界で、趣味の話か恋バナかで盛り上がった見知らぬ相手（ハンドルネームしか知らない相手）と「こんなに気が合うなら、それではどこかで会いましょう」と対面し、リアルな世界でも友人になっていくということも珍しくなかったようです。

もちろん、当時もすべての学生がこのようなタイプだったわけではありません。バーチャルな世界でも複数のキャラを演じ、「ハンドルネーム○○では××キャラ、☆☆では△△キャラ……」と、ハンドルネームによって演じるキャラを使い分け、縦横無尽にバーチャルな世界を駆け巡る学生も少なからずいました。

しかし、前述のようなバーチャルな世界でこそ「本当の自分」をさらけ出し、真の友人ができると考える者も多かったわけです。そして、当然のことながら、このような考え方にはかなりの危険＝ネット上のさまざまな悪意ある罠に陥る危険が潜みます。

「真の友人」を求めてさ迷い歩く若者たち……そういった格好のカモたちを待ち受ける「ビジネス」が成り立ったわけです。悪質な出会い系サイト、詐欺サイトなどもそのひとつでしょう。バーチャルな世界だから性別さえも隠そう、偽ろうと思えば簡単にできます。男性でも「可憐な女性」というキャラを演じて、男子学生をその気にさせて、さんざん貢がせるというのは可能ですし、そんなのは序の口です。「真の友人」との出会いもあり得ましょうが、大いなる危険も同居しているわけです。

当時の筆者は、今後、ＩＣＴ化がどんどん進んでいくと、世代間ギャップもどんどん広がっていって一〇年後、二〇年後には、さらにとんでもない若者が登場してくるのではないか、と危惧していました。

2　現代の若者のネット感覚

しかし、現代の学生は違うようです。二〇一〇年前後の大学生世代とはまったく異なるようです。わずか一〇年しか経過していないにもかかわらず、根本的に異なるネット感覚を有するようです。

どのような感覚か？　我々の世代と同様の感覚です。つまりリアルな世界での友人関係がバーチャルな世界の友人関係でもあるということです。土井隆義の言葉で言えば、リアルな世界の友人関係をバーチャルな世界でもマネージメントしているということなのでしょう。ＬＩＮＥはその格好のツールなのでしょう。バーチャルな世界の友人関係とリアルな世界の友人関係は別物ではないわけです。バーチャルな世界で出会った人にネット上で友達申請するのは危険という感覚を我々の世代同様共有しているようです。

　さて、ここで考えたいことは「『キャラ』とは何か」ということです。冒頭の怪人二十面相の話に戻って考えてみましょう。素顔なら、すべての化粧、メークアップ、虚飾を落とせば現れるでしょう。しかし「本当の自分」とは何でしょうか。

　ひところ、ＴＶ番組で若い未婚の女性に「理想の男性は？」と尋ねると「ありのままの自分を受け入れてくれる人」という答えがよく聞かれました。「本当の自分」「ありのままの自分」という「自分」が、いろいろ生きていくため、働いていくために「衣装」を身に着けて「偽りの自分」になっている……ということなのでしょうか。

　そして「自分の思ったことを偽らずに表現できる＝純粋」ということなのでしょうか。純粋な子どもは成長するにつれて、徐々にいろいろな「衣装」を身にまとい、「本当の自分から離れていく」ということなのでしょうか。そして、いろいろな「衣装」をまとって「自分自身でも本当の自分を忘れてしまっている」――ちょうど二十面相のように――ということなのでしょうか？

さて、社会学には「社会化」という概念があります。社会学における最重要概念のひとつです。この概念は、ごくおおざっぱに言えば、新規参入者が当該集団・組織や社会の価値規範などを身体化するということです。例えば、日本で生まれた子どもが、家庭でのしつけを受け、地域社会や学校でさまざまな教育を受けていく中で、徐々に日本的なものの考え方、価値規範など文化になじんでいくわけです。家庭でも学校でも同様です。そしてそこで与えられた役割、期待される役割をこなして生活していくのです。さまざまな役割があります。長男としての役割、給食係としての役割、野球部主将としての役割……などなどです。当然のことながら、「社会化」は自分が「不純」な存在になっていくプロセスということではなく、「大人になる」ということであり、成長ということでもあるわけです。

もともと人間は生まれ落ちた時点ではヒト科の「ヒト」にすぎません。「ヒト」が「人間」になるには人間社会で、「人の間」でもまれて「社会化」されることが必要であるわけです。人間の発達に関して論じる際によく引き合いに出される「アヴェロンの野生児」「アマラ・カマラ」「カスパー・ハウザー」など数々の事例は、「社会化」が「人間」になるための必須のプロセスであることを示すのであって、けっしてそれじたいネガティブなイメージを持ち合わせていません。

それでは、社会化という概念は「キャラ」を演じることとは、どう異なるのでしょうか。キャラにも「いじられキャラ」「いじりキャラ」「まじめキャラ」などさまざまなキャラがあります。ネガティブなものには「うざキャラ」などもあります。が、集団の中で与えられた役割を演じるという点では大きく異ならないのではないでしょうか。実際に「優等生キャラ」「委員長キャラ」など社会的役割に応じたキャラというものがあります。もちろん「キャラ」はあくまでも仮面であり、取り外し可能であるけれども、「社会化」でいわれる与えられた役割を演じるというのは着脱不可能な「肉付きの仮面」と化しているという違いはあります。

さて、こういったキャラを離れて、虚飾を落としきった「本当の自分」とは何なのでしょうか。本章での重要な問いは「キャラ」とは何か？　そしてキャラを離れた「本当の自分」とは何か？ということです。本章でとくに問いたいのは、学級を単位にしてみた場合、どういう生徒がいじめ（ネットいじめを含む）の対象になりやすいのかということです。「いじめの対象になりやすい」特性と「キャラ」はどのように関連するのかということを検討したいと考えます。

ちなみに「いじり」と「いじめ」がどう違うのかについては、二〇一七年四月に考えさせられる事件が起きました。お笑いコンビであるキングコングの一人、西野亮廣が情報番組の取材を受けた際の出来事です。インタビュー途中にその番組ディレクター（西野とは一面識もない）から「今日の服装は意識高い系ですか」「『プペル』、値段高くないですか（筆者註：『プペル』とは西野が監督を務めた絵本でヒット作の『えんとつ町のプペル』幻冬舎、二〇一六年のこと）、「印税独り占めですか」「ていうか、返し、普通ですね」などの非礼な質問・コメントを浴びせられ、西野が激怒してインタビュー途中にもかかわらず退席したという事件です。

西野はブログで「部室に、信頼関係が築けていない後輩を呼び出して、皆の前でパンツを脱がせて『イジってやってんだから、ちゃんとリアクションとれよ』というのは〝イジメ〟です」と述べ、「信頼関係のない相手のいじりはいじめ」と名言を残しました。

いじりといじめの違いには、客観的・絶対的・科学的な差異があるわけではないということです。同じつまり、いじりであるか、いじめであるかは、当事者の人間関係に依存するということです。同じことをしても、誰が誰に対してしたかによって、いじりになることもあり、いじめになることもあり得るということです。この考え方は各種ハラスメントと類似しています。そして、信頼関係がある場合でも、一方がいじりと考えてしたことが、他方からはいじめと受け取られるということもあり得るでしょう。そのようなことが続くと両者の間の信頼関係は崩壊し、いじりといじめの境界線も変化することになります。

3　いじめの社会問題化――「排除」から「飼育」へ

ここで本題から少しそれるように思われるかもしれませんが、いじめが社会問題化してきた歴史を振り返り、ネットいじめの特質をあぶり出したいと考えます。

いじめ問題が社会問題化したのは一九八〇年代半ばです。ちなみに、東京都町田市で一九八三年に有名な忠生《ただお》中学校刺傷事件が起きています。生徒の度重なる暴力に耐えかねた教師が所持していた果物ナイフで生徒に切りつけた事件です。また同年にこれも有名な戸塚ヨットスクール事件が起きています。不登校児に合宿形式で厳しい指導を行っていたところ、死者が出たり、行方不明になる者が出たりして、マスメディアで大きく取り上げられました。学校・教育と暴力の関係について世論が沸き立っていました。一九八四年には、これも有名な私立大阪産業大学高等学校殺人事件が起きます。同校一年の生徒が殺害されました。犯人は被害生徒の同級生二人でした。被害生徒は加害生徒二人に凄惨ないじめを日常的に行っていました。暴力・カツアゲに加えて、教室内で授業中に自慰行為を強いるなど、ひどいいじめでした。他の生徒も見てみぬふりをし、あるいははやし立て、学校側もいじめがあることをある程度把握していましたが、いじめをやめさせることができなかったのです。これがいじめの社会問題化、すなわち、生徒個人間のトラブルではなく、学校という場で起こり、教室にいる生徒や教師が傍観者、ないしは観衆になっているという構造的な問題として認識されるようになるはしりの事件でした。

そしていじめの社会問題性がより広く知られるようになったのは一九八六年の東京都中野区にある中野富士見中学校いじめ自殺事件がきっかけと考えられます。この事件は鹿川君事件、葬式ごっこ事件とも呼ばれます。二年生の男子生徒がいじめを苦に自殺したものですが、その直接の引き金になったのが担任教師を含む四名の教師も参加した「葬式ごっこ」であり、教師四名とクラスの同級生全員が「鹿川君さようなら」「死んでおめでとう」と寄せ書きを行ったのです。その後一九九四年に、愛知県西尾市で、これも有名な東部中学校いじめ自殺事件が起きます。この事件は大河内君事件とも呼ばれ、いじめが金品の巻き上げなど、悪質化、陰湿化していることが世間に大きな衝撃を与えました。

この時期、インターネットはまだ使われておらず、いじめもきわめてクラシックな形態にとどまっていました。すなわち集団で特定少数の生徒を排除していじめる、あるいは暴力・カツアゲなどの方法でいじめるという形態が主流だったわけです。「排除」型、「暴力」型のいじめです（念のために申し添えておきますが、この分類は一般的に広く使われるもので、筆者が考案したものではありません）。

その後いじめの方法はエスカレートしていきますが、他方、二一世紀に入ってから子どもたちの間でガラケーが徐々に広がり、さらに二〇一〇年代になってからスマホやタブレットの所持率も高まってくる中で新たないじめの形態が登場してきます。それを象徴するのが滋賀県大津市いじめ自殺事件でした。この事件は記憶に新しいと思いますので、詳細は省きますが、第10章にも出てくるように、LINE等のSNSを使用して友人関係のメンテナンスに励むようになる時代風潮を反映して、「飼育」型、「コミュニケーション」型という前述とは別のタイプのいじめが登場してくるわけです。ガラケーのころからネットいじめは見られたわけですが、二〇一〇年代に入ってからスマートフォンが急速に普及します。またほぼ同時期にLINE等のコミュニケーション・ツールが急速に普及し始めます。

4 学力移動といじめ

ここで本章の中心になる学力移動という概念について説明しておきましょう。これは筆者ら（原・山内）が考えた概念で、「相対的な学力」に関するものです。

今、よく話題にのぼるPISAテスト、TIMSSテストはいずれも国際的な学力テストであり、点数によって測られ、日本の順位が上がったとか下がったとか話題になるわけです。これは「絶対的な学力」に関するものです。それに対して「相対的な学力」とは、得点ではなく、クラス内での位置を意味します。テストで一定の得点、例えば七〇点を取ったとしましょう。クラスで自分以外の生徒がすべて七〇点を越える得点を取っていれば最下位です。またクラスの平均点がちょうど七〇点であれば、中間に位置することになります。さらにクラスの自分以外の生徒がすべて七〇点未満であれば最上位です。このように、同一の得点でも、他の生徒の得点によって、クラス内での位置づけは変化します。以下に掲げる表４－１～表４－６は、第２章のデータをもとに分析したものです。いずれも自由度八で、〇・一％水準で有意です。

まず、表４－１を見ると、高等学校でのネットいじめ発生率は中学時代の成績が「下」と答えた生徒に起こりやすい現象であると指摘できます。ネットいじめには単発のものと繰り返し行われるものがありますが、単発のものに限定すると、高等学校でのネットいじめ発生率については、それ

表4－1　学力移動のパターンと高等学校でのいじめの発生率

		高校成績 上	高校成績 中	高校成績 下
中学成績	上	4.1 (315/7743)	3.9 (273/7067)	5.0 (389/7819)
	中	4.7 (151/3202)	4.3 (372/8631)	5.8 (303/5238)
	下	7.7 (199/2594)	6.1 (206/3380)	7.6 (345/8520)

（注）χ^2=197.548　df=8　p<0.001

表4－2　学力移動のパターンと高等学校での LINE 中傷によるいじめの発生率

		高校成績 上	高校成績 中	高校成績 下
中学成績	上	37.8 (119/315)	40.3 (110/273)	44.5 (173/389)
	中	35.8 (54/151)	38.7 (144/372)	36.0 (109/303)
	下	42.2 (84/199)	44.7 (92/206)	40.6 (262/645)

（注）χ^2=67.829　df=8　p<0.001

表4－3　学力移動のパターンと高等学校での Twitter 中傷によるいじめの発生率

		高校成績 上	高校成績 中	高校成績 下
中学成績	上	51.7 (163/315)	54.9 (150/273)	55.3 (215/389)
	中	53.6 (81/151)	58.1 (216/372)	57.8 (175/303)
	下	50.3 (100/199)	52.9 (109/206)	50.1 (323/645)

（注）χ^2=49.957　df=8　p<0.001

に加えて、高等学校での成績が「下」と答えた生徒にも増えていることがわかります。いずれにせよ、高等学校での成績よりも中学時代の成績において、規定力が大きいように見えるのは興味深い傾向です。

表4－2と表4－3はLINE中傷によるいじめとツイッター中傷によるいじめの発生率を学力移動の観点から見たものです。LINE中傷によるいじめは相対的学力が「上昇」もしくは「下降」した生徒に多く見られることが指摘できます。一方で、ツイッター中傷によるいじめについては、相対的学力が「下降」した生徒に多く発生していることが指摘できます。

学力移動を経験する生徒というのは、すなわち仲間内での（第10章で指摘される）「キャラ」の変更を余儀なくされる生徒を指します。「相対的学力の変化＝学力移動による『キャラ』の変更」がいじめにつながるという仮説がここから生まれてきます。

表4－4から表4－6は、高校階層偏差値ごとに学力移動の観点からネットいじめ発生率を見たものです。学力下位層での発生率は総じて高くなっています。

ただ細かく検討すると、高校階層偏差値下位校で、学力が「上昇」「下降」した生徒にネットいじめの発生率が高いと言えます。一方で、高校階層偏差値上位校での発生率を見ると、学力が「下」から「上」に移動した生徒（二四・三％）の発生率が非常に高くなっています。大まかな学力移動のパターンだけではなく、高校階層偏差値ごとにどの学力移動のパターンにおいてネットいじめの発生率が高いかが異なるというわけです。例えば中学校時代優秀だったけれども、背伸びして

表４－４　学力移動のパターンと高等学校でのいじめの発生率（高校階層偏差値40以下）

		高校成績 上	高校成績 中	高校成績 下
中学成績	上	9.9 (26/263)	15.7 (14/89)	12.5 (9 /72)
	中	5.8 (20/343)	6.5 (36/556)	16.0 (35/219)
	下	9.3 (70/754)	9.0 (77/853)	10.8 (163/1516)

（注）χ^2=29.316　df=8　p<0.001

表４－５　学力移動のパターンと高等学校でのいじめの発生率（高校階層偏差値51～55）

		高校成績 上	高校成績 中	高校成績 下
中学成績	上	4.2 (69/1164)	3.8 (53/1378)	6.2 (76/1218)
	中	5.5 (38/695)	6.4 (96/2199)	5.3 (76/1435)
	下	8.0 (25/311)	6.5 (27/417)	6.8 (94/1381)

（注）χ^2=28.129　df=8　p<0.001

表４－６　学力移動のパターンと高等学校でのいじめの発生率（高校階層偏差値66以上）

		高校成績 上	高校成績 中	高校成績 下
中学成績	上	2.3 (28/1217)	2.5 (39/1561)	3.0 (68/2288)
	中	5.8 (6/103)	2.9 (14/475)	2.6 (8 /311)
	下	14.3 (12/84)	4.5 (5/110)	6.3 (35/556)

（注）χ^2=59.869　df=8　p<0.001

高校階層偏差値上位校に入り、そこでは下位に位置する生徒、あるいは中学時代成績はパッとしなかったけれども、高校階層偏差値下位校に入り、そこでは優等生になってしまった生徒に対してネットいじめが発生しやすいということです。これらはクラス内でのキャラの変更を伴うものと推察されます。

以上、学力移動のパターンがネットいじめの発生率に関連するということが示唆されているわけです。この点についてはさらに今後分析を深めていく予定です。

Ⅱ 子どもたちの場を読み解く

第5章 ネットいじめと学校の「磁場」①
――分析枠組みの設定とコミュニケーションに着目した分析

1 学校の「磁場」への着目

学校単位で「磁場」を捉える

ネットいじめは、ますます生徒指導上の重要な課題になってきています。というのも、ネットいじめを含む広い意味でのいじめ（以下、「（ネット）いじめ」と表記）は、学校内の独特の人間関係において生起することが少なくないのです。社会学者の内藤朝雄は、日本の学校においては団結しているのがいいクラス、お互いに理解しているのがいいクラスというように人間関係が密接であることをよしとするゆえに、逆説的にいじめが起きやすくなっているのではないかと指摘しています(1)。

もちろん、人間関係が密接ゆえにいじめが起きにくくなるような学級もまたあることは確かなのですが、内藤の指摘は示唆的です。というのも、（ネット）いじめが生起するのは、単にいじめる側の個人といじめられる側の個人の関係（あるいはそれを取り巻く個人）の問題があるだけでなく、（ネット）いじめへと導きやすいような場の雰囲気や秩序があるということを示しているからです。筆者らは、こうした（ネット）いじめを誘発／抑制するような力を持った場のことを「磁場」という概念で捉えたいと考えています。

「磁場」は、数多ある学校や学級において均質に存在しているわけでないとみることができるでしょう。それでは、どのような形でこの「磁場」が形成されるのでしょうか。そのことを第5章〜第7章でみていきます。

この「磁場」を捉える際に筆者らは生徒文化研究を参考にしました。日本の生徒文化研究では、高校階層構造上のどこに位置する学校に所属するかによって生徒の行動様式や学校風土（学校内の雰囲気）が違うことを明らかにしてきました。[2] 生徒文化研究では、高校階層構造の上位に位置する学校で向学校的な生徒が多く、逆に下位に位置する学校で反学校的な生徒が多くなる傾向がはっきりと見られています。そこでは、それぞれの学校が生徒のあり方（行動様式）を水路づける力を持っているために――しかも、その力の方向性は学校によって違っているために――そうした生徒文化の分化が起きると考えられてきました（こうした分化はトラッキングと呼ばれることもあります）。[3] このように生徒文化研究とは、学校という場に備わっている生徒を水路づけるような力に注目した研究と言うことができます。

（1）　内藤（二〇〇九）（二〇一六）。
（2）　武内（一九九三）など。

こうした生徒文化研究の知見は、本書が着目するネットいじめを見る際にも役立つように思われます。近年のネットいじめは、ネット上の見知らぬ者同士の間で起きているのではなく、学校という場がリアルな学級空間と彼らが情報を交換するSNSなどのサイバーな空間へと二重化する中で、学校を核とした人間関係において起きることが多くなっています。生徒を取り込む学校という場のあり方によって（ネット）いじめの起きやすさに差異が生じている可能性があると見るべきでしょう。そこでは、もしかすると、向学校的な雰囲気の学校よりも、反学校的な雰囲気の学校のほうが（ネット）いじめが起きやすいかもしれません。実際、学力レベルによってネットいじめの種類が違っていること――高学力層で個人情報晒し型、低学力層で誹謗中傷型――が明らかになっています。[4]

そこでこの第Ⅱ部では、（ネット）いじめをめぐる「磁場」を――生徒文化研究がしてきたように――高校階層構造と密接な関係があると考え、構造的に学校の「磁場」を捉えることを試みます。ただし、土井隆義が第10章で論じていますが、（ネット）いじめが学級内における「イツメン」などミクロな人間関係やコミュニケーションを背景として生起しているわけでありますから、単純に高校階層構造の位置のみで捉えられるものではないように思われます。とくに同じ学力タイプの学校において、「磁場」の違いがどのように見られるのか、このことについても探っていく必要があります。

ここでは、学校を単位にしながら、（ネット）いじめの「磁場」がどのように存在するのかを手探りで調べていきたいと考えています。[5]まずは、「（ネット）いじめを誘発する／抑制するような学校の『磁場』はあるのか、あるとすればどのような学校にどのように存在しているのか」といった問いを設定して、この課題に取り組んでいきます。この取り組みは、まず高校階層構造と（ネット）いじめの布置を概観し、（ネット）いじめの「磁場」を捉える基礎的枠組みを作成し（本章：大多和）、次にその枠組みにしたがってネット利用との関係を中心に（ネット）いじめの磁場がどのように生起しているのかを見ていきます（第6章：小林）。そして最終的に学校単位の分析を通じて総合的・統合的に捉え（ネット）いじめの磁場の布置構造に迫っていきます（第7章：小針）。

ここで本研究の特質と意義を明確にしておきましょう。これまでの（ネット）いじめの代表的研

（3）耳塚（一九八〇）。トラッキングとは、生徒が所属する学校が高校階層構造のどの位置にあるのかによって、その生徒の行動様式が水路づけられる現象のこと。親の意識として、どの学校に子どもを入れるかによって子どもの行動様式に差が出てくるというようなことがあるが、そのことを理論化した概念ということができる。生徒文化研究では、中学時に同程度の成績だった生徒たちが別々の高校に進学したときに行動様式や進路に違いが出る現象が明らかにされることもあった。

（4）原・堀出（二〇一四）。

（5）いじめが個人を取り巻く人間関係で生じているとすれば、「磁場」は、学校ではなく、学級を単位に見るべきだという考え方もある。しかし、本書では、個人の選択行動として学校は選択できるが、学級は選択できないということを含めて、まず学校ごとに「磁場」なるものを確認できるのかを見ていくこととした。

究、例えば森田・清永の「いじめの四層構造」においては、いじめの傍観者の発見など学校内のいじめの重要な特質が解明されてきました。(6) しかしながら、それはどちらかというとどのようなアクターがどのように関わることで、何が起きたのかを明らかにするという方向性が強いと見ることができます。それに対して本研究は、多様な学校が存在する学校システム（学校階層構造）の中で（ネット）いじめがどのような学校で生起しやすいのか、その布置状況を捉える研究です。こうした研究が可能になるためには、本書における高校生悉皆調査のような大規模な調査データが必要となります。いじめについての大規模な調査は、実施が難しく、それゆえにいじめの「磁場」を探る研究は、これまでほとんど行われてきませんでした。また、翻せば「磁場」を明らかにする本研究の問題設定は、こうした大規模調査にマッチしたものであると言うことができ、（ネット）いじめのメカニズム解明の新たな側面に光を当てる試みと言えるでしょう。

質問紙によるいじめへの接近

本研究は質問紙によるネットいじめを中心に広い意味でのいじめへの接近を試みるものですが、そこには一定の難しさと限界が存在します。分析を始める前にそのことについて確認しておきます。

今津孝次郎によれば、いじめとは「①子ども同士の力関係のなかで、弱者の立場に置かれた被害者に対して優勢な立場にある加害者が、②一時的または継続的・長期的に、身体的、言語的、金銭的、あるいはケータイ・ネット上などさまざまな面で有形・無形の攻撃を加え③身体的・精神的な苦痛をもたらすこと」[7]と定義されています。したがって、ある事案がいじめに該当するかどうかは、ときに非常にデリケートな問題であり、慎重な審議を経ていじめと判定されることもあるのです。これに対して、質問紙調査においては、いじめの判定は回答者の主観に委ねられて判断されるということをつねに念頭に置いておかなければなりません。

具体的に見ていくと、本質問紙では以下に示すような設問が用意されています。すなわち、まず設問⑾で「ケータイやPCで悪口を言われたり、いやなことをされたことはありますか」（小中時代を含むこれまでの経験）を尋ねられたのち、続く設問⑿で、高校時代に、どれくらいの頻度でどんなことをされたのかを尋ねられます（具体的には「頻度」において「単発であり」「複数回あり」に○をつけた人に対して）。この回答結果からネットいじめ被害経験の有無が判定されることになるわけです（第2章表2－11、表2－12参照）。ここでは質問紙を用いた研究では、いじめ経験を記述するレベルにおいてもいくつかの限界を有していると言うことができます。

ただし、学校の「磁場」の中で生徒の行動がどのようなものになるのか、また、よりネットいじめを生起させやすい学校の条件とはどのようなものになっているのかについて明らかにするためには、学校システム全体を見渡す必要があります。このような場合には、一定の限界はあっても大規模な

(6) 森田・清永（一九八六）。
(7) 今津（二〇〇七）一九四頁。

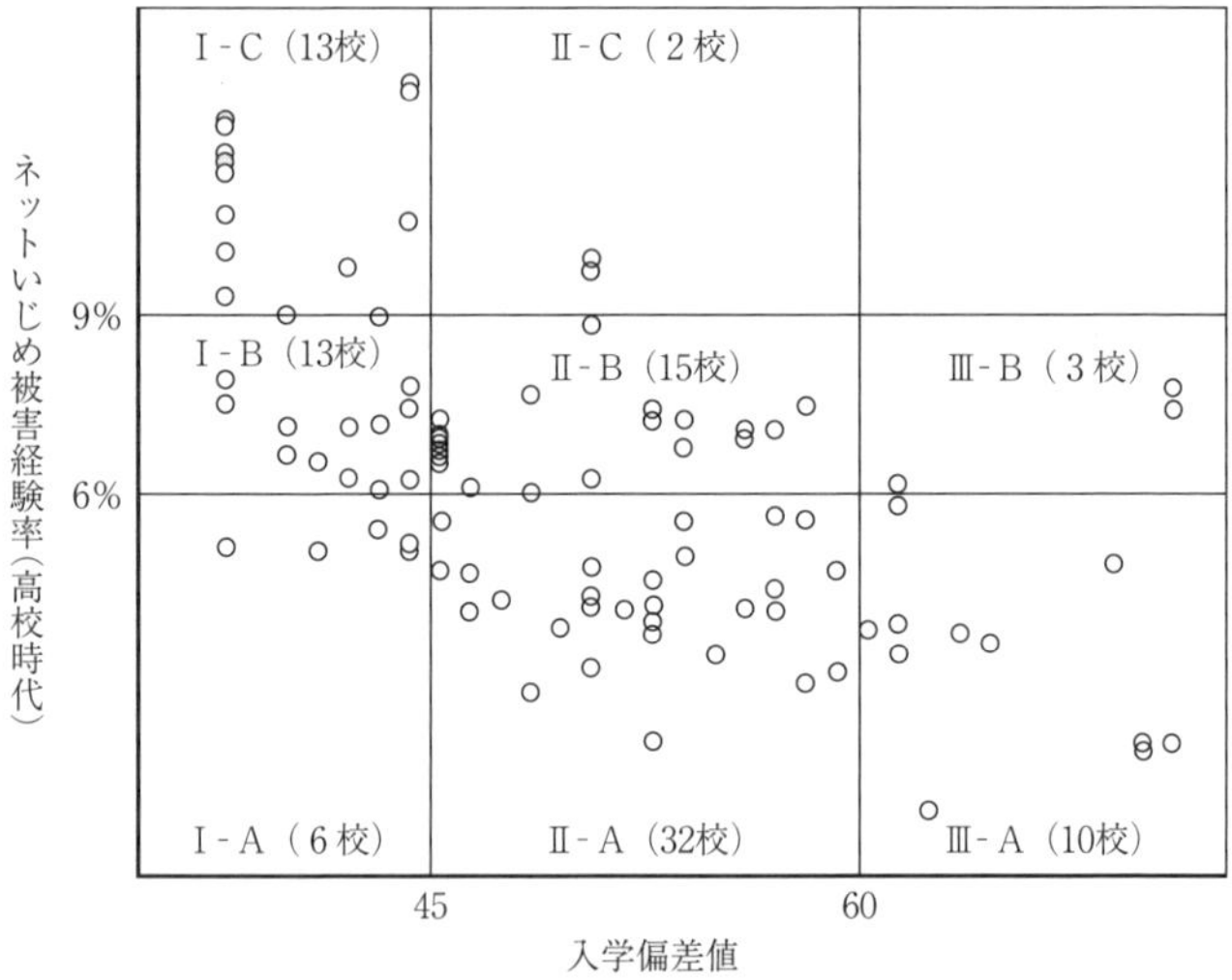

図５－１　入学偏差値とネットいじめ被害経験率による学校類型の作成

（注）　入学偏差値の上限・下限では学校の特定を避けるためにグループ化して散布図に示した。

質問紙調査が有効になると言えるでしょう。

学校の布置と類型の設定

図５－１は、学校ごとにネットいじめ被害経験率を集計し、入学偏差値を横軸に、被害経験率を縦軸にした散布図です。①概括すれば、入学偏差値が低い学校ほどネットいじめ被害経験率が上がることが見てとれます。このことは、生徒文化研究の知見同様にネットいじめの「起きやすさ」が学校タイプによって異なっていることを示しており、高校階層構造に沿う形での「磁場」の存在を暗示させていると見てよいでしょう。

しかしながら、②学校階層構造の

中・下位の学校を中心に、同じ学力水準の学校であっても、学校によってネットいじめ被害経験率には少なからぬ差異が見られることも確かです。すなわち、同じ程度の入学偏差値であってもネットいじめが相対的に起きやすい学校と起きにくい学校があるということになり、学力水準以外にネットいじめに影響を持つ何かが介在していることが考えられます。同じ程度の入学偏差値の学校であっても、学校によるネットいじめ被害率の散らばり——四％の学校もあれば、一三％に上る学校もある——が大きいことに驚かされるということになります。入学偏差値の似通った学校であっても「磁場」のあり方には違いがあることを示しているように思われます。

こうした「磁場」を捉えるべく、図５－１内の区画に示すように、各学校をいじめの発生率と入学偏差値によって、グループに分けました。グループごとに「磁場」のあり方が異なっているのかを調べていきます。具体的には、学校タイプⅠ（入学偏差値四五未満）、学校タイプⅡ（中位校：四五以上六〇未満）、学校タイプⅢ（六〇以上）に区切り、さらに学校タイプごとに、ネットいじめの多寡によってＡ（少ない：六％未満）、Ｂ（中くらい：六％以上九％未満）、Ｃ（多い：九％以上）のグループ分けを操作的に行いました。この縦軸（Ａ、Ｂ、Ｃ）、横軸（Ⅰ、Ⅱ、Ⅲ）の分類を組み合わせ、そうして括り出されるⅠ－Ａ、Ⅰ－Ｂなどの学校類型（グループ）をもとにネットいじめの「磁場」を見ていきます。

2　生徒のコミュニケーションと「磁場」の関係

ここでは、各学校類型に属する生徒の特徴からネットいじめを誘発／抑制するような「磁場」がどのようになっているのかについて見ていきます。

ネットいじめは、リアルな人間関係を基盤として生起することが多く、内藤は、サイバー空間に特有な現象の側面を強調しすぎるのは間違いであると指摘しています。[(8)] だとすれば、ネットいじめを誘発するような「磁場」が存在するならば、学校類型ごとに生徒のコミュニケーションのあり方には大きな違いが見られるに違いないと筆者らは考えました。このような関心から、まずはコミュニケーションに焦点づけて、学校類型ごとに生徒の行動を見ていきます。なお、ここでは男女による行動の違いが考えられる項目が少なくないことから、男女別に集計を行うこととしました。

友人コミュニケーション――微細な差異をどう解釈するか

まずは、表5‐1にもとづき「いつも遊ぶグループがある」という基本的な友人コミュニケーションから見ていきましょう。するとサンプル数の多いクロス表であるためにほとんどの項目で有意な差異があるということになるのですが、その結果の解読という点からすれば、きわめて難しい集計結果となりました。例えば、男子の学校タイプⅡを見ると、Ⅱ‐A（八四・三％）とⅡ‐C（八〇・

四％）の間には三・九ポイントの差が見られます。しかしながら、これをもってネットいじめ被害率が高いCのグループで、友人関係を疎外する力が働いていると解釈できるかどうか、判断するこ

表５-１　学校類型別　友人コミュニケーション

項目	選択肢	Ⅰ-A（生徒数 N=2762）	Ⅰ-B（N=6543）	Ⅰ-C（N=4657）	Ⅱ-A（N=22160）	Ⅱ-B（N=12623）	Ⅱ-C（N=655）	Ⅲ-A（N=12110）	Ⅲ-B（N=2352）	p
男子										
いつも遊ぶグループがある	とてもあてはまる＋どちらかといえばあてはまる	82.7%	83.2%	82.4%	84.3%	83.9%	80.4%	82.2%	80.8%	**
悩みがあれば友達に相談する	とてもあてはまる＋どちらかといえばあてはまる	58.6%	63.4%	58.6%	61.8%	62.1%	58.1%	59.5%	54.2%	***
女子										
いつも遊ぶグループがある	とてもあてはまる＋どちらかといえばあてはまる	81.4%	82.3%	82.8%	87.0%	86.6%	84.9%	87.0%	84.6%	***
悩みがあれば友達に相談する	とてもあてはまる＋どちらかといえばあてはまる	65.8%	69.2%	65.3%	69.5%	69.4%	67.6%	66.5%	58.6%	***

***: $p<.001$　**: $p<.01$　*: $p<.05$

（８）　内藤（二〇一六）。

とは難しいと言わざるを得ません。その一方で男子の学校タイプⅢ、女子の学校タイプⅡ、学校タイプⅢを見ると、傾向としてネットいじめが多い学校類型で「いつも遊ぶグループ」が少なくなっているようにも見えなくもありません。

同様に「悩みがあれば友達に相談する」について見ていきます。もし友人に悩みを相談することができず孤立しやすい場合には、ネットいじめないしはいじめが深刻化する可能性も考えられるところです。分析結果を見ると、ここでも有意な差異は見られたものの、多くの学校タイプにおいて明確な差異と言えるかどうか、やはり確信を持つことが難しいと言わざるを得ません。唯一の例外としては、学校タイプⅢの女子においては七・九ポイントの比較的大きな差異（Ⅲ-A：六六・五％とⅢ-B：五八・六％）が見られ、ネットいじめ被害率が高いⅢ-BにおいてⅢ-Aよりも「悩みがあれば友達に相談」できる環境という点で劣っている可能性が示唆されます。しかしながら、これは局所的に見られる現象であり、やはり「磁場」の特質が得られたかというとはっきりそうは言えないということになります。

他の項目においても、以上で見たような数ポイントの差異が見られるにとどまることが多く、当初、考えたような鮮やかに「磁場」の存在を示すような結果は容易には見られませんでした。実に「歯切れの悪い」分析結果となったということをひとまず述べておきます。

ネガティブなコミュニケーション

次に、表5－2にもとづき「LINEはずし」（メッセージをやり取りするコミュニティに入れないこと）や「いじり」といったネガティブなコミュニケーションについて見ていきます。(9)

まず「LINEはずし」から見ていくと、第7章の小針の学校を単位とした重回帰分析では、ネットいじめに有意な影響をおよぼしていますが、ここでは五ポイント以上の大きな差異はどのゾーンにおいても見られませんでした。突出した学校が強い「磁場」を持っていたとしても、八つの学校類型ごとに生徒の行動を見る分析では、そうした突出した学校の特質が平均化されて見えにくくなっている可能性があるということが示唆されます。

しかしながら、「ひやかし、からかい、悪口などを言われた」という項目――これらは「いじり」のコミュニケーションと見ることができます――では、多くのゾーンで比較的大きな差異が見られました。例えば男子の学校タイプⅠでは、Ⅰ-A（三〇・四％）とⅠ-C（三九・四％）の間には九ポ

（9）　これらはときにいじめを構成する行動でもあるということから、ネットいじめとこれらとの相関を見るのは、ある種のトートロジカルな関係が含まれること――いじりとネットいじめの間には当然ながら関係があることが考えられる――を指摘しておかなければならない。とはいえ、ネットいじめに比べて「いじり」はより広範に見られる行動であり、「いじり」が「いじめ」にどのようにつながっていくのかを見ていくことには意味があると考えられる。

表５－２　学校類型別　ネガティブなコミュニケーション経験

項目	選択肢	Ⅰ-A（生徒数 N=2762）	Ⅰ-B（N=6543）	Ⅰ-C（N=4657）	Ⅱ-A（N=22160）	Ⅱ-B（N=12623）	Ⅱ-C（N=655）	Ⅲ-A（N=12110）	Ⅲ-B（N=2352）	p
男子										
LINEはずしをしたことがある	とてもあてはまる＋どちらかといえばあてはまる	13.4%	17.3%	17.7%	12.7%	15.5%	13.4%	10.6%	10.9%	***
ひやかし，からかい，悪口などを言われた	とてもあてはまる＋どちらかといえばあてはまる	30.4%	38.3%	39.4%	33.6%	39.9%	39.5%	36.6%	41.3%	***
女子										
LINEはずしをしたことがある	とてもあてはまる＋どちらかといえばあてはまる	11.3%	11.8%	12.3%	6.7%	9.1%	11.6%	5.4%	7.8%	***
ひやかし，からかい，悪口などを言われた	とてもあてはまる＋どちらかといえばあてはまる	36.6%	39.7%	44.0%	32.4%	40.4%	39.0%	35.3%	41.7%	***

***: $p<.001$　**: $p<.01$　*: $p<.05$

表5-3 「いじり」と「ネットいじめ」

項目	I-A（生徒数 N=2762）	I-B（N=6543）	I-C（N=4657）	II-A（N=22160）	II-B（N=12623）	II-C（N=655）	III-A（N=12110）	III-B（N=2352）	
男子									
いじりのみ（a）	27.8%	33.1%	32.6%	30.2%	34.7%	30.9%	33.8%	35.6%	
両方なし	68.4%	60.3%	58.3%	65.3%	58.8%	57.6%	62.7%	57.7%	
両方あり（b）	2.6%	5.2%	6.8%	3.4%	5.2%	8.6%	2.8%	5.7%	
ネットいじめのみ	1.2%	1.3%	2.4%	1.0%	1.3%	3.0%	0.8%	1.0%	
	100.0%	100.0%	100.0%	100.0%	100.0%	100.0%	100.0%	100.0%	α =.000
(b)/((a)+(b))	8.6%	13.6%	17.2%	10.3%	13.1%	21.7%	7.6%	13.8%	
女子									
いじりのみ	31.3%	33.3%	33.4%	29.0%	34.3%	32.4%	32.4%	34.9%	
両方なし	62.4%	59.0%	53.9%	66.8%	58.3%	59.7%	63.9%	56.9%	
両方あり	5.3%	6.4%	10.7%	3.5%	6.1%	6.6%	2.9%	6.8%	
ネットいじめのみ	1.0%	1.3%	2.1%	0.8%	1.3%	1.4%	0.8%	1.4%	
	100.0%	100.0%	100.0%	100.0%	100.0%	100.0%	100.0%	100.0%	α =.000
(b)/((a)+(b))	14.4%	16.0%	24.3%	10.8%	15.1%	16.8%	8.2%	16.3%	

イント差異が見られ、また、学校タイプⅡ、学校タイプⅢにおいても五ポイント強の差異が見られます（女子の学校タイプⅠ、学校タイプⅡでも比較的大きな差異が見られます）。ここでは、①ネットいじめ被害率が高い学校類型で「いじられ経験」もまた高くなっていること、②「いじられ経験」は、三〇〜四〇％に及んでおり、「いじり」といったコミュニケーションが一般化していることがわかります。さらに③これは、学校タイプによって差異があまり見られない、すなわち入学偏差値が高い学校タイプにおいても「いじり」が行われていることが見えてきます。

さらに、表5-3のクロス集計の結果——学校類型ごとに「いじり」とネットいじめの経験を「いじりのみ」「ネットいじめのみ」「両方あり」「両方なし」の四パターンの割合として示しています——にもとづき、「いじり」とネットいじめの関係について詳しく見ていきましょう。

第一に確認したいことは、「いじり」経験なしで「ネットいじめのみ」を経験している生徒（「ネットいじめのみ」）は、ごく少ないということです。男子のⅡ-Cで三・〇％、Ⅰ-Cで二・四％、女子のⅠ-Cで二・一％に上るものの、それ以外は一％前後にとどまっています。すなわち、学校内で起きているいじめの多くは、「いじり」を伴ったものと見ることができるということになります。

第二に、Aの類型では、「いじり」もネットいじめも「両方なし」という生徒の割合が高くなっていることを確認したいと思います。とくに男子を見ると学校タイプⅠであっても、Ⅰ-Aでは六八・四％とすべての学校類型の中で最も高い数値が見られます。

第三に、「いじり」はネットいじめにどのようにつながっているのでしょうか、この点について見ていきます。一時点の調査なので限界がありますが、ここでは学校類型ごとに「いじり」を経験した生徒のうち、どれくらいの割合がネットいじめを経験しているのかを集計することによって、この問題に接近したいと思います。表5-3の下部の数値(b)/((a)+(b))がそれにあたり、(a)+(b)とは、その学校における「いじり」を経験した割合で、そのうちのネットいじめ経験者が(b)ということになります。集計結果は、例えば女子のⅠ-Cでは二四・三%、男子のⅡ-Cでは二一・七%という高い数値になっているように、どの学校タイプにおいてもネットいじめの多いCのグループ(学校タイプⅢではB)において、この割合が高くなっていることがわかります。このことは、ネットいじめの多い学校類型では「いじり」経験率自体も高いのですが、それをふまえたうえでなお「いじり」経験者に占めるネットいじめ経験の割合が高くなるということを示しています。「いじり」がネットいじめにつながりやすいと見ることができるのです。

3 「磁場」はどのように生起しているのか

まとめに入ります。本章では、まず基礎的な入学偏差値とネットいじめの発生率から学校類型を作成しました。ここから見えてくることは、学校のありようによって、ネットいじめが生起しやすいところとしにくいところがある、すなわち、ネットいじめの「磁場」のようなものが存在するということが示唆されるということです。「磁場」を構成するものの一つが入学偏差値であり、傾向としては学力レベルが高い学校ほどネットいじめが起きにくいということが見えてきました。しかし、同時に同じ学校タイプであっても、「磁場」のありようが違っていることも見えてきました。

次に同じ学校タイプにおいて、異なった「磁場」が生起するのはなぜか、その「磁場」の違いを生起させるメカニズムを探りました。しかしながら、コミュニケーションの領域においては、まず同じ学校タイプにおけるA〜Cの学校類型間にどのような「磁場」の違いがあるのかを明確に特定することが現時点では十分にできなかったことを指摘しておきます。この問いに十全に答えるためには、学校風土やクラスの人間関係を示すような指標を質問紙調査により詳しく盛り込んでいく必要があり、これは今後の研究課題となります。

ただし、その中で「いじり」のコミュニケーションについては、①学力タイプを超えて一定程度「いじり」(「いじられ経験」)が広まっていること、②その一方で、とくにCの学校類型においては、「いじられ経験」をする生徒が多く、さらに③「いじり」がネットいじめへと転化しやすい可能性があることが見えてきました。

「いじり」は、それ自体では「いじめ」ではなく生徒のコミュニケーションのやり方であり、生徒に特有の文化のひとつと見ることができるかもしれません。その意味で「いじり」自体を否定したり、禁止したりすることは、指導の行き過ぎであるように思われます。「いじり」は、けっして行儀のよいコミュニケーションとは言えないものの、人間関係を円滑にする働きを持つこともあるからです。

しかしながら、分析結果が示すように、「いじり」行為は、「いじめ」との境界線を曖昧にさせる危険性を有したコミュニケーションと言えます。したがって、「いじり」コミュニケーションの根付き方によっては、その学校や内部の小集団におけるトラブルを引き起こす「磁場」をつくり出す可能性があるということに注意する必要があると言えるでしょう。

最後に、学校が（ネット）いじめを誘発させる「磁場」を持っているという見方をすることについて一言付け加えておきます。これはいじめの起こりやすさが、学校という場に備わっているという見方であり、一種の性悪説に立っているということになります。この意味で〝冷徹な〟分析枠組みであることを筆者らは自覚しておりますし、学校現場では、いじめをなくす取り組みに多大な努力が費やされていることも知っています。

しかしながら他方で、学校生活の中でいじめ（いじめる／いじめられる）を経験した人は数多くいます。そうした現実に照らせば、自然にしていればいじめは起きないというような見方ではなく、むしろ、学校という場に置かれた個人はいじめを経験しかねない状況にあると見たほうがよいと筆者らは考えます。このとき（ネット）いじめの経験のしやすさを規定するものがあれば、それを直視しながら（ネット）いじめへの取り組みを行うことが重要であると考えているのです。このような立場から、さらに第6章、第7章において「磁場」という観点からいじめを見ていきます。

第6章 ネットいじめと学校の「磁場」②
――ケータイ利用のあり方、家庭で決めたルールのあり方に着目した分析

1 子どもたちはどのようにケータイを利用しているのか

あなたがもし、「子どもが、自身と同年代の子どもたちとともに一日の大半を過ごす場はどこですか」と尋ねられたら、どう答えるでしょうか。この本のテーマから鋭く察して、「ケータイ」「インターネット」「SNS」などと答えてくださる方も中にはいるかもしれませんが、その答えとして真っ先に思い浮かぶのは、おそらく「学校」でしょう。近年の日本社会におけるネットいじめの問題を考える際、筆者らの研究グループでは、単にそれが個人間で起こる出来事にとどまらず、学校という場が有する何らかの力がネットいじめの生起に関与しているのではないか、という仮説を立てています。例えば、ある学校ではネットいじめが起きやすいような（あるいは逆に起きにくいような）状況が生起し、そこで子どもは他の学校に行くよりもある行動や経験をしやすくなる（あるいは逆にしにくくなる）というような、学校という場が持つ力をここでは「学校の磁場」と名づけて、ネットいじめの問題を学校単位の問題として捉えていこうというわけです。言い換えると、ネット

いじめを誘発あるいは抑制するような力がどのように作用するのかを、学校の磁場という新たな概念を導入しつつ統計データにもとづいて考えていきたい、というのがここでの狙いになります。

紙幅の都合から、学校の磁場についてのより詳細な説明や、いじめ・ネットいじめをめぐる先行研究の検討[(1)]、今回の調査から明らかになった基礎的なデータの紹介については他の章に譲るとして、筆者らが上述した観点からネットいじめの問題を捉えるキッカケの一つとなったのが、第5章の図5-1です（七六頁を参照）[(2)]。この図は、高校入学後のネットいじめ被害経験を尋ねた設問から各学校におけるネットいじめ発生率を集計し、高校入学時の偏差値（学校タイプ）を横軸に、ネットいじめ発生率を縦軸にした散布図で、図内の一つひとつの点は学校を表しています。この図をじっと眺めていると、次のことに気づくのではないでしょうか。

（1）土井（二〇一四）、原・山内編（二〇一一）、加納編（二〇一六）、清川ほか（二〇一四）、森田（二〇一〇）、内藤（二〇〇七）など。

（2）ここでは、関西圏二府県の高校を対象として行った大規模質問紙調査（二〇一五年実施、高校九九校、高校生六万六三九九人）のサンプルから、「高校でのネットいじめ被害経験」を尋ねた設問に全員が無回答であった五校（二三五七人）を、今回の分析対象から外しました。その結果、本章の分析対象校は九四校、対象者である生徒数は六万三八六二人です（そのうち男子三万二八八二人、女子二万九八四九人、性別不明一一三一人）。

(1)　総じて、高校入学時の偏差値が低い学校ほど、ネットいじめ発生率が高くなること
(2)　偏差値が同じ程度の学校においても、ネットいじめの発生率には違いがあること

要するに、ネットいじめが相対的に起きやすい学校と起きにくい学校があるということをこの図は示しており、ネットいじめに影響をもつ何かが介在しつつ、このような差異を生じさせている可能性を暗示しています。

そこで本章では、とりわけ(2)の同じ学校タイプにおけるネットいじめ発生率の違いを説明する要因とは何かを探っていくことを通して、そこに介在する学校の磁場のありようを浮き彫りにしていくことを目指します。その際、ネットいじめの発生率の違いを説明する要因として、①日常生活におけるケータイ利用のあり方、②ケータイやＰＣを使ううえでの家庭で決めたルールのあり方、の二点に着目した分析を試みます。

2　日常的なケータイ利用のあり方とネットいじめ発生率の関連性

本節では、日常生活における高校生の特徴的なケータイの使い方と、ネットいじめ発生率との関連性について見ていきます。今回の質問紙では、日常生活（学校や家庭における態度・意識など）に関わる三四項目について四つの選択肢を設けて（四件法で）尋ねました。そのうち、「ケータイを手放

表6－1　各変数の平均値と標準偏差および相関係数

(N=94)

変数	平均	標準偏差	相関係数				
			ネットいじめ発生率	ケータイを手放すと不安	レスは早いほう	LINE はずしをする	既読無視をする
ネットいじめ発生率	6.11	2.74	1.000				
ケータイを手放すと不安	50.34	5.52	.359***	1.000			
レスは早いほう	46.42	5.46	.422***	.260*	1.000		
LINE はずしをする	11.28	3.82	.552***	.259*	.642***	1.000	
既読無視をする	61.92	6.52	.026	.359***	.285**	.280**	1.000

（注）　*p<.05 **p<.01 ***p<.001

することが不安だ」「自分はレス（返信やコメント）が早いほうだと思う」「ＬＩＮＥはずしをしたことがある」「ＬＩＮＥの既読無視をしたことがある」の四項目において、「とてもあてはまる」「どちらかといえばあてはまる」と回答した生徒を合算した割合と、ネットいじめ発生率の関連性について、ここでは検討します。

表６－１は、各変数の平均値と標準偏差および相関係数を示したものです。相関係数とは、二つの変数の間にある関係の強弱を測る指標で、−1から1の間の数値をとり、値が±1に近づくほど両者には強い関連があり、逆に0に近づくほど両者の関連は弱いとされます。

ネットいじめ発生率と各変数との相関係数を見ていくと、「ケータイを手放すと不安」な生徒の割合との間で値は.359（p<.001）、「レスは早いほう」な生徒の割合との間で値は.422（p<.001）、「ＬＩＮＥはずしをする」生徒の割合との間で値は.552（p<.001）と、やや大きな相関が見られました。一方、ネットいじめと一見関連がありそう（既読無視をする／される

ことからいじめに発展しそう）な「既読無視をする」との間の値は.026と、ほとんど相関がないと判断される低い値であることがわかりました。「既読無視をする」生徒の割合が平均で六一・九二％であることからもわかるように、今の高校生にとって「既読無視をする」こと自体はよくあることで、それほど特別なこととしては捉えられていないようです。

以上から、「ケータイを手放すことが不安」で「返信やコメントのレスを早くする」といった、いわゆる「ケータイ・ネット・ソーシャルメディア」依存症[3]気味な生徒が多い学校や、「ＬＩＮＥはずしをする」生徒が多い学校と、ネットいじめ発生率の間には関連がありそうな一方で、ＬＩＮＥの「既読無視をする」生徒の割合とネットいじめ発生率の間には、ほとんど関連性が見られないことがわかりました。ただし、「ＬＩＮＥはずしをする」ことや「既読無視をすること」に関しては、多分にそれが起こる文脈や状況に依存するため、量的アプローチによる分析のみでは限界があり、質的アプローチからの分析を加えた慎重な議論が求められます。

では次に、学校タイプ別にその傾向を見ていきましょう。図6‐1は、「ケータイを手放すことが不安」な生徒の割合（平均：五〇・三％）を、八つのゾーンごとに示したものです。同じ学校タイプ間を比較して見ていくと、ネットいじめ発生率が高い学校群ほど、ケータイを手放すことが不安な生徒の割合が高くなる傾向にあることがわかります。中でも、Ⅱ‐Ａ（四八・二％）とⅡ‐Ｃ（五九・八％）の間では一一・六ポイントの差があることから、高校タイプⅡにおいてその傾向が強いと言えます。

ネットいじめ発生率	Ⅰ	Ⅱ	Ⅲ
C　9％以上	52.2%	59.8%	
B　9％未満6％以上	51.9%	52.6%	48.8%
A　6％未満	49.2%	48.2%	45.7%
	Ⅰ	Ⅱ	Ⅲ　学校タイプ

図6-1　ケータイを手放すことが不安な生徒の割合（平均：50.3%）

続いて性差に着目して分析すると、男女での差が目立ちました。まず、「ケータイを手放すことが不安」と回答した平均値で、男子（四五・五％）と女子（五三・五％）では八ポイントの差がありました。次に学校タイプ別に見たときの特徴として、学校タイプⅠの男子ではⅠ-A（四六・四％）とⅠ-C（四七・七％）の間でほとんど差が見られないのに対して、女子ではⅠ-A（五二・一％）とⅠ-C（五八・七％）の間で六・六ポイントの差が見られました。また、学校タイプⅡでは、男子のⅡ-A（四三・七％）とⅡ-C（五三・八％）との間で一〇・一ポイントの差、女子のⅡ-A（五二・四％）とⅡ-C（六六・〇％）との間で一三・六ポイントの差と、女子のほうの差がやや大きい傾向が見られました。

以上のことから、ケータイを手放すことが不安な生徒が多い学校ほど、ネットいじめ発生率は高まり、その傾向は女子生徒において強く見られるということがわかりました。

（3）　樋口（二〇一三）、高橋（二〇一四）など。

3　家庭で決めるルールのあり方とネットいじめ発生率の関連性

本節では、家庭でケータイやPCを使ううえでのルールを決め、それを守ることが、ネットいじめとどのように関連するのかを検討します。多くの一般書[4]の中で、これまでにネットいじめの予防・対策として家庭でルールを決めることの有効性が語られていますが、そこでは統計的な裏づけが示されていないという問題点があります。ここではその点について、統計的なデータにもとづいて見ていくことにします。

そもそも、家庭でケータイやPCを使ううえでのルールを決めている高校生は、どれくらいいるのでしょうか。今回の調査で、その割合は有効回答数（N=61631）のうち二七・二％と、それほど高い数値ではありませんでした。高校生ともなると、子どもの自主性に任せる親が多いようです。次に、男女差を見ていくと、ルールを決めている男子は二三・七％であったのに対して女子は三一・〇％で、男子は四人に一人、女子は三人に一人がルールを決めているという程度の差が見られました。最後に、学校タイプ間の差を見ていくと、学校タイプⅠとⅡでそれほど差が見られなかった一方で、学校タイプⅢの女子で三九・三％と、家庭でルールを決めている生徒が比較的多いという特徴が見られました。

次に、家庭で決めているルールの内容とネットいじめ発生率の関連性を見ていきましょう。今回の調査では、「利用料金（課金）の上限」「利用する時間」「利用する場所」「やりとりをする相手の制限」「ネットの利用制限」「守るべき利用マナー」「フィルタリング」「アプリダウンロード時の保護者の了解」に関するルールを、家庭で決めているかどうかについて尋ねました（複数選択可）。それぞれの項目において「ルールを決めていると回答した生徒の割合」とネットいじめ発生率の相関係数を求めたところ、「利用する時間」（r=-.439, p<.001）、「利用する場所」（r=-.416, p<.001）、「ネットの利用制限」（r=-.416, p<.001）の三つの項目で、中程度の負の相関が認められました。これらのルールを決めている生徒が多い高校ほど、ネットいじめの発生が抑制される可能性があります。

そこで、学校タイプ別にその傾向を見ていくために示したのが図6-2から図6-4です。

これらの図表から読み取れる点として、次の三点を挙げることができます。第一に、今回の調査で尋ねたようなルールを家庭で決めている生徒の割合は、総じて低いという点。第二に、学校タイプごとに見ていくとかなり緩やかな傾向ではあるものの、ネットいじめの発生率が低い高校ほど、こうしたルールを家庭で決めている生徒の割合が高いという点。そして第三に、家庭で細かなルールを決めている生徒の割合が、学校タイプⅠやⅡに比べて学校タイプⅢでは高いという点です。

最後に、図表内では示せていない男女差について見ていくと、家庭で「利用する時間」を決めている男子が七・二％に対して女子は八・一％、家庭で「利用する場所」を決めている男子が四・

（4） 例えば、目代（二〇一二）、藤川（二〇一六）など。

ネットいじめ発生率	I	Ⅱ	Ⅲ
C　9％以上	5.0%	5.0%	
B　9％未満 6％以上	5.1%	5.7%	10.0%
A　6％未満	5.8%	7.4%	14.7%
学校タイプ	I	Ⅱ	Ⅲ

図６－２　家庭で「利用する時間」を決めている生徒の割合（平均：7.6%）

ネットいじめ発生率	I	Ⅱ	Ⅲ
C　9％以上	3.2%	2.8%	
B　9％未満 6％以上	3.0%	4.2%	8.3%
A　6％未満	3.4%	4.9%	12.0%
学校タイプ	I	Ⅱ	Ⅲ

図６－３　家庭で「利用する場所」を決めている生徒の割合（平均：5.5%）

ネットいじめ発生率	I	Ⅱ	Ⅲ
C　9％以上	8.2%	9.3%	
B　9％未満 6％以上	8.3%	8.6%	12.4%
A　6％未満	9.1%	10.2%	15.5%
学校タイプ	I	Ⅱ	Ⅲ

図６－４　家庭で「ネットの利用制限」がある生徒の割合（平均：10.3%）

八％に対して女子が六・三％、家庭で「ネットの利用制限」がある男子が八・三％に対して女子が一二・四％と、男子に比べて女子のほうで若干ですが、家庭で細かなルールを決めている割合が高いという結果でした。

ただ、せっかく家庭で決めたルールも、守られなければ意味がありません。家庭でルールを決めた高校生は、実際にどの程度それを守っているのでしょうか。今回の調査で、「家庭で決めたルールをどの程度守っていますか?」という設問に対して、「ほとんど守っている」と「だいたい守っている」と回答した生徒の合計は、有効回答数（N=19731）のうち九一・二%で、ルールを決めた生徒のほとんどがそれを守っていることがわかりました。裏を返せば、一〇人に一人弱（八・八%）の生徒は、家庭で決めたルールを「あまり守っていない」か「まったく守っていない」わけです。以下では、せっかく決めたルールを守っていない生徒に着目して、ネットいじめとの関連性について分析していきたいと思います。

ネットいじめ発生率				
C　9%以上	11.6%	12.2%		
B　9%未満 6%以上	9.6%	10.3%	9.6%	
A　6%未満	9.5%	7.5%	8.2%	
	Ⅰ	Ⅱ	Ⅲ	学校タイプ

図6-5　家庭で決めたルールを守っていない生徒の割合（平均：8.8%）

まず、家庭で決めたルールを「あまり守っていない」と「まったく守っていない」生徒を合わせた割合（平均：八・八%、標準偏差：三・六四）と、ネットいじめ発生率（N=94）の関連性を確認すると、偏差値の影響を制御（コントロール）した偏相関係数の値が.421（p<.001）と、やや大きな相関があることがわかりました。

図6-5は、家庭で決めたルールを守っていない生徒の割合を、高校タイプごとに示したものです。この程度の割合の差をどのくらい重視するかの判断は難しいところですが、同じ高校タイプにおいても、家庭で決めたルールを守っていない生徒が多い高校ほど、ネットいじめの発生率は高まる傾向にあります。

表6-2　家庭で決めたルールのあり方の違いと日常生活における態度の関係

項目	選択肢		ルール遵守	ルール not 遵守	ルールなし
家族との会話は多いほうだ	どちらかというとあてはまらない＋まったくあてはまらない	男子	21.0%	34.4%	26.8%
		女子	12.0%	23.6%	17.7%
		全体	20.9%	29.3%	22.6%
学校での出来事を保護者に話すことが多い	どちらかというとあてはまらない＋まったくあてはまらない	男子	39.5%	49.3%	51.9%
		女子	20.5%	31.8%	28.9%
		全体	29.4%	41.0%	41.1%
朝起きたら家族に挨拶する	どちらかというとあてはまらない＋まったくあてはまらない	男子	26.2%	33.7%	36.5%
		女子	18.6%	27.4%	29.0%
		全体	22.1%	30.7%	33.0%

続いて男女の差に注目すると、全体的に女子よりも男子のほうがルールを守っていない生徒が多いことがわかりました。中でも学校タイプⅡの男子では、Ⅱ-A（八・八%）とⅡ-C（一八・九%）との間で差が二倍以上あるという特徴が見られました。

以上から、家庭で決めたルールを守っていない生徒の割合が多い学校ほど、ネットいじめ発生率は高まり、その傾向はとくに学校タイプⅡの男子において見られることがわかりました。

では、家庭で決めたルールを守れない生徒には、いったいどのような傾向が見られるのでしょうか。表6-2は、日常生活における家族をめぐる態度・意識を尋ねた項目について、家庭で決めたルールを遵守している（ルール遵守）、ルールを決めているが遵守していない（ルールnot遵守）、ルールを決めていない（ルールなし）の三群に分けて比較した結果を示したものです。図表内の数値は、家庭での会話の多寡や家族との挨拶の有無など、家庭におけるコミュニケーションについて尋ねたこれらの項目において、「どちらかというとあてはまらない」「まったくあてはまらない」と回答した生徒を合算した割合を示しています。

「ルール遵守」と「ルールｎｏｔ遵守」を見比べると、いずれの項目でも一〇ポイント近い差が見られます。このことから、家庭で決めたルールを守れない生徒は、普段から家族とコミュニケーションをあまり取れていない可能性がありそうです。逆に言うと、普段から家庭において家族とコミュニケーションを多く取ることが、決めたルールを子どもが守ることにつながりやすい傾向にあると考えられます。

4　ネットいじめを抑制するために

以上の分析から得られた本章の知見をまとめると、次の四点を挙げることができます。

(1)「ケータイを手放すことが不安」「返信やコメントのレスを早くする」など、ケータイ・ネット・ＳＮＳ依存症気味の生徒が多い高校ほど、ネットいじめ発生率が高まり、その傾向は、女子生徒において強く見られること

(2) 家庭で決めたルールを守っていない生徒の割合が多い高校ほど、ネットいじめ発生率は高まり、その傾向はとくに学校タイプⅡの男子生徒において見られること

(3) 家庭で「利用する時間」「利用する場所」「ネットの利用制限」に関わるルールを決めている生徒が多い高校ほど、ネットいじめの発生が抑制される傾向にあること

(4) 家庭で決めたルールを守れない生徒は、家族との会話が多いほうではなく、高校での出来事を保護者に話すことも多くはなく、朝起きたら家族に挨拶をすることもあまりないなど、普段から家族とコミュニケーションをあまりとれていない傾向があること

本章では、学校の磁場という着眼点から高校単位でネットいじめを捉え、八つに分けたゾーン間の比較検討を通して、ネットいじめの起きやすい高校、起きにくい高校の判別とその背景要因を探ってきました。結果的には右の四つの知見のとおり、学校タイプごとで、ネットいじめの起きやすさ、起きにくさの背景要因が明らかになりました。ただ、この観点からの研究はまだ端緒についたばかりで、今後さらなる追究を別稿に期さねばなりません。

一方で、子どもが直面している現実は、時を待ってはくれません。今すぐにでも実践できる対策を求めたいところです。今回、さまざまな角度からデータを統計的に処理する中で感じたのは、ほとんどの子どもたちはごく健全にケータイ（スマホ）を利用しているという点でした。親として、教師として、大人として、自分は持ってもいないスマホやしたこともないSNSを子どもたちが利用するありさまに対して、ただやみくもに危険視するのではなく、日ごろ教室や家庭において教師あるいは親と子の間で、信頼関係を築くのに十分なコミュニケーションがとれているかといった、

ケータイ（スマホ）云々以前の生活習慣から見直すことが、実はネットいじめの予防・対策につながる最善の道なのではないでしょうか。

第7章 ネットいじめと学校の「磁場」③
――対象校のプロファイル・データをもとにした分析

1 五つの仮説――「磁場」の規定要因

学校は、児童生徒が一日の大半の時間を過ごし、教師や友人などとのコミュニケーションが行われる場です。とりわけ日本の高校は学校の設置体（国立・公立・私立）、教育理念、校風、地域的条件、学校タイプ（普通科・専門科）、類型やコース、学力によって、生徒たちの下位文化（生徒文化）が構成されると考えられてきました(1)。

今日の高校生の生徒文化として、スマートフォン（以下、スマホと略）を中心とした情報アクセス、そしてそれらを通じたＬＩＮＥやツイッターなどのＳＮＳ上でのコミュニケーションを挙げることに異存はないでしょう。

相次いで誕生する情報ツールや各種メディアは、生徒固有の文化やコミュニケーションスタイルを構成しつつ、それがときに生徒間のトラブルやいじめの発生要因になっています。それらはしばしば「ネットいじめ」または「スマホいじめ」などと言い表されてきました。

学校内の人間関係や学校文化、コミュニケーションのあり方が地続きにサイバー空間と連続しているとの説[2]に従えば、学校で構成される生徒文化がサイバー上のトラブルを発生させる要因になっている可能性があります。ネットいじめが発生する要因を学校の「磁場」に求めるならば、そこにいかなる学校の特徴や生徒文化が潜んでいるのでしょうか。

本章の目的は、個票から調査対象校九三校（うち一校は二コース別に集計したためサンプルサイズは九四となる）についてのプロファイル・データを作成し、高校入学後のネットいじめ発生率の規定要因を明らかにすることにあります。生徒個々の回答の集積から、学校タイプやメディア、生徒文化などがネットいじめの磁場としてその発生率に与える影響を検証したいと思います。

その規定要因として、本章では、以下五つの仮説を設定しました。

第一に、高校のタイプとネットいじめ発生率との関連です。各校の対象者の中に三年次生が多く含まれる高校、女子比率の高い高校、そして先掲（図5-1）からも明らかなように入学偏差値の低い高校ほど、発生率は高まる傾向にあると考えられます。

第二に、生徒のガラケー・スマホ利用との関連です。本調査では約九割（九一・九％）の生徒がスマホを所有しています。とりわけ昨今のネットいじめは、スマホを通じたＬＩＮＥやツイッター

（1）　武内（一九九三）。
（2）　荻上（二〇〇八）。

などのＳＮＳ上で行われることが多く、その中のコミュニケーションがいじめに発展するケースも少なくありません。すなわち、ＳＮＳ上でのコミュニケーション頻度が高い者やアクセス時間の長い生徒（ヘビーユーザー）が多い高校ほど、ネットいじめの発生リスクは高まるのではないでしょうか。

第三に、「ＬＩＮＥはずし」（ＬＩＮＥのグループからの仲間はずれ）など、ＳＮＳ上でのいじめ加害経験を有する者が多い高校ほど、発生率も高まる傾向にあるのではないかと考えられます。これは「被害あるところに加害あり」ともいうべき仮説です。

第四に、生徒間の学力のばらつきが大きい高校ほど、発生率も高まるという説です。日本の学校教育では、高校段階になると、多くは学力を中心として進学先の高校が水路づけされます。しかし、入学偏差値は高校のタイプを示す学力の目安のひとつであって、すべての生徒が同一の学力で高校に入学し、入学後の学力も均質性を維持しているわけではありません。入学時または入学後の学力の多様性は必然なのです。その学力のばらつきが大きくなれば、他者に対する劣等感や嫉み、優越感や卑下意識が他者に対する排除の意識となって、いじめ加害が誘発されやすくなるのではないでしょうか。ここでは、学力のばらつきとして、中学時代の成績と高校入学後の成績（いずれも自己評価）の標準偏差を指標に検討します。

第五に、ガラケーやスマホを利用するうえで、ルールを決めている家庭は少なくないことから、その抑止効果についての検証です。家庭内のルールを有する生徒が多く集まる高校ほど、いじめの抑止効果が高まることも期待されます。

2 どんな高校でネットいじめが発生しやすいのか

重回帰分析による検証

分析に必要な変数の基本統計量や投入される変数は表7－1に、重回帰分析の結果は表7－2にそれぞれ示したとおりです。分析結果のモデル1は基本的な学校特徴を示す三変数について、モデル2はモデル1に加えて、ガラケー・スマホの利用状況やSNSへのアクセスに関連した変数を投入したもの、モデル3はそれ以外の、生徒の中学時の成績と高校入学後の学力のばらつき、ガラケー・スマホの使用ルールがある家庭の多寡についての変数を投入したものです。

モデル1によれば、入学偏差値のみ負に有意でした。つまり、入学偏差値の低い高校ほど、高校入学後のネットいじめ発生の可能性が高まる傾向にあります。しかし、女子比率の多さや三年生比率の高さは統計的に有意ではありませんでした。

モデル2でも、引き続き入学偏差値が独立して強い影響力を持っています。スマホやSNSの利用の仕方について見ると、「LINEはずし」経験を有する生徒の割合が高い高校ほど、高校入学後の被害リスクも高まります。これはネットいじめの加害者と被害者が同一高校内において「同棲」している可能性があることを示唆しており、SNS上のいじめ加害経験者が存在すれば、それ

表7－1　基本統計量と投入される変数

n=94

	最小値	最大値	平均値	標準偏差	重回帰分析で投入される変数
高校入学後のネットいじめ経験率	0.4%	12.8%	6.1%	0.027	1…～2.5%, 2…2.5～5.0%, 3…5.0～7.5%, 4…7.5～10.0%, 5…10.0%～
3年生の割合	0.0%	49.0%	23.3%	0.144	1…～6%, 2…6～30%, 3…30～33%, 4…33%～
女子生徒の割合	0.0%	100.0%	48.4%	0.173	1…～43%, 2…43～50%, 3…50～55%, 4…55%～
入学偏差値*	34	73	49.6	8.785	1…～40, 2…40～45, 3…45～50, 4…50～55, 5…55～60, 6…60～
Twitter 2時間以上の生徒の割合	5.0%	38.0%	19.4%	0.082	1…～13%, 2…13～19%, 3…19～25%, 4…25%～
LINE 2時間以上の生徒の割合	5.0%	54.0%	29.3%	0.121	1…～19%, 2…19～28%, 3…28～40%, 4…40%～
SNS 100回以上の生徒の割合	1.0%	18.0%	7.2%	0.043	1…～4%, 2…4～6%, 3…6～10%, 4…10%～
「LINEはずし」経験率	3.0%	22.0%	11.3%	0.038	1…～8%, 2…8～10%, 3…10～14%, 4…14%～
中学時の学力のばらつき(標準偏差)	0.73	1.37	0.99	0.118	1…～0.90, 2…0.90～0.99, 3…0.99～1.06, 4…1.06～
高校入学後の学力のばらつき(標準偏差)	0.98	1.41	1.16	0.080	1…～1.10, 2…1.10～1.16, 3…1.16～1.20, 4…1.20～
「使用ルールのある家庭」の割合	13.0%	50.0%	26.9%	0.066	1…～20%, 2…20～25%, 3…25～31%, 4…31%～

（注）　入学偏差値は大阪進研（2016）『高校受験ガイドブック 平成29年度受験用〈私立・公立〉』を参考にした。

だけ被害リスクも高まる傾向が見て取れます。また、ＳＮＳに長時間（一日二時間以上）アクセスしている生徒が多い高校やＳＮＳ上でのコミュニケーション頻度（一日一〇〇回以上）が高いなど、ヘビーユーザーの生徒が多く集まる高校ほど、ネットいじめ発生率が高まると考えられましたが、ツイッターを二時間以上使用している生徒が多い高校が、せいぜい一〇％水準で正に有意な傾向にとどまりました。

モデル3では、これまで

表7-2　高校別「入学後のネットいじめ発生率」を規定する要因（重回帰分析）

n=94

	モデル1			モデル2			モデル3		
	B	SD	β	B	SD	β	B	SD	β
3年生	-.015	.087	-.015	-.003	.087	-.003	-.002	.084	-.002
女子生徒	-.097	.089	-.095	-.047	.106	-.046	-.027	.107	-.026
入学偏差値	-.390***	.060	-.563	-.289**	.097	-.418	-.255**	.094	-.369
Twitter 2時間以上の生徒				.274†	.164	.299	.405*	.174	.442
LINE 2時間以上の生徒				-.238	.201	-.246	-.051	.197	-.052
SNS 100回以上の生徒				-.055	.180	-.058	-.291	.186	-.306
「LINEはずし」経験				.288*	.135	.277	.218*	.130	.210
中学時の学力のばらつき							.117†	.099	.116
高校入学後の学力のばらつき							.268**	.094	.268
使用ルールのある家庭							.090	.118	.083
（定数）	4.416***	.393		3.223***	.748		1.792*	.843	
	F=15.400*** Adj_R2=.317			F=8.484*** Adj_R2=.360			F=8.020*** Adj_R2=.430		

（注）†p<.10, *p<.05, **p<.01, ***p<.001

の分析結果と同様に、高校の入学偏差値が大きく影響しています。ＳＮＳやスマホ等の使い方を見ると、ツイッターを二時間以上使用している生徒が多い高校ほど、ネットいじめ発生率を高める傾向にあることが統計的にも立証されました。

以上から、ヘビーユーザーの多寡とネットいじめ発生との関連が示唆されます。多くの生徒がスマホまたはガラケーを所有し、ＳＮＳなどにアクセスしている現状では、過剰な長時間使用（ヘビーユース）がいじめ被害のリスクとともに、サイバー上の自らのいじめ被害を「発見」してしまう可能性を同時に高めているのかもしれません。

いじめ問題は、ネット上でのそれも含めて、「発生」に加えて、「発見」があって初めて認知されます。ネットいじめは、被害者当人がサイバー上で嫌がらせや攻撃の発生を認知していないことも少なくありませんが、発生していても発見、報告されない限りは、認知件数にはなりません。質問紙調査ではなかなか明らかにならないネットいじめの「暗数」をどのように捕捉すべきかについては、今後の重要な研究課題でしょう。

また、モデル2と同様に、「LINEはずし」経験者の多さもネットいじめの発生と正に有意でした。さらに学力のばらつきが大きい高校では、攻撃誘発性（ヴァルネラビリティ）を有する「他者」の存在が多くなるのでしょうか、ネットいじめが発生するリスクも高まります。攻撃誘発性とは、他者からの攻撃を誘発するような個人の特性や資質を指します[3]。高校入学以前の中学時代の学力や高校入学後の学力からみた生徒の多様性が高まれば、かえって「異質な他者」を排除しようとするネガティブな保守意識が高まる傾向があるのかもしれません。

学力のばらつきへの着目

ネットいじめ発生率から分類したグループ別に、中学時ならびに高校入学後の成績（五段階評価による自己評価）のばらつき（標準偏差）を見ていくと、興味深い傾向が確認できます（表7－3）。

入学偏差値四五未満の学校タイプⅠ（Ⅰ-A～Ⅰ-C）では、中学時代の成績も、高校入学後の成績の双方から見ても、それらに関係なく、ネットいじめが発生しています。入学偏差値四五以上六〇未満の学校タイプⅡの中位校（Ⅱ-A～Ⅱ-C）では、中学時代の学力のばらつきが大きい高校ほど、ネットいじめが発生しやすい傾向にあります。入学偏差値六〇以上の学校タイプⅢの進学校（Ⅲ-AとⅢ-B）では、中学時代の学力のばらつきの大きさよりもむしろ、高校入学後の学力のばらつきの大きさがネットいじめの発生につながりやすい傾向が明らかです。私立中高一貫の一部の進学校を除いて、進学校は中学時代の成績上位者が進学する傾向にあり、入学後は大学進学で求められる学力や学業成績が生徒たちの主要な関心事になります。

学力のばらつきがなぜ、ネットいじめの温床になるのでしょうか。

この問いを解明するために、中位校の学校タイプⅡについては中学時代の成績別（下・中下・中・中上・上）に、進学校の学校タイプⅢについては高校入学後の現在の成績別（同五段階）に、高校入学後のネットいじめ発生率を分析しました（表7-4）。

学校タイプⅡでは、中学時代の成績上位層（上）と下位層（中下・下）で発生率がやや高いようです。成績上位者・下位者双方の共通点は、学力の点から見ると、進学先であるタイプⅡの中位校とは別の高校に進んでいたかもしれない層だと言えます。つまり、タイプⅢのような進学校に進める学力がありながら中位校に進学した学力上位者や、その反面、学力面では進学が難しかったにもか

（3）竹川（一九九三）。

表７－３　学校タイプ別の中学時代と高校入学後の成績の標準偏差の平均値

	学校タイプⅠ			学校タイプⅡ			学校タイプⅢ	
	Ⅰ-A	Ⅰ-B	Ⅰ-C	Ⅱ-A	Ⅱ-B	Ⅱ-C	Ⅲ-A	Ⅲ-B
中学時代の成績の標準偏差の平均値	1.010	1.048	0.998	0.950	0.983	1.187	0.981	1.222
検定	p=.211			p=.005			p=.054	
高校入学後成績の標準偏差の平均値	1.160	1.224	1.207	1.124	1.159	1.195	1.144	1.261
検定	p=.286			p=.099			p=.025	

表７－４　高校入学後のネットいじめ発生率と学校タイプ・学力特性

学校タイプⅡ＿中学時代の成績	下	中下	中	中上	上
p=.000	6.5%	5.8%	4.4%	4.4%	5.7%
学校タイプⅢ＿高校入学後の成績	下	中下	中	中上	上
p=.000	4.9%	2.8%	2.9%	2.8%	3.0%

（注）学校タイプⅡ　n=31,242　　学校タイプⅢ　n=12,628

かわらず、その高校に進学した学力下位層がネットいじめのターゲットになっているのです。

他方、学校タイプⅢの進学校では、高校入学後の成績上位層・中位層よりも、下位層（いわゆる「進学校の落ちこぼれ」）で発生率が高まります。これは大学入試に向けた学力が非常に重視される進学校において、高校入学後の成績下位層に対する卑下意識がネットいじめの発生要因になっているのかもしれません。

そして、以上の知見はネットいじめ問題において、高校「間」格差とともに、高校「内」格差（一高校の内部格差）に注目する必要があることを示唆しています。

しかしながら、これまでネットいじめ対策として注目されてきた家庭の使用ルールについては、正の相関こそ確認できるものの、統計的に有意と言える水準には達してはいません。たしかに家庭のルールを有する生徒ほど、ネットいじめ発生率は概して低い傾向にあります。しかし、個々の家庭のルール有無が生徒たちの規範意識の集合体として、各高校における生徒文化として十分に成立、定着していないのではないでしょうか。もちろん、家庭内の利用時間・場所・マナーに関するルールの設定が個々の生徒にとって有効であることは、先の第五章、第六章で示したとおりです。

3 「磁場」それぞれの対策・対応が求められる

本章は対象校九三校（九四サンプル）のプロファイル・データから、ネットいじめ発生傾向を分析しました。ネットいじめはどの高校にも同じように発生しているわけではなく、それぞれの生徒個々人を超えたところに存在する構造的な要因、すなわち第Ⅱ部の一貫したテーマであるいじめを誘発する／しない「磁場」もまた大きく介在しています。とりわけネットいじめの発生率は、高校の入学偏差値の高低、すなわち垂直的構造としての高校「間」格差との強い関連が確認されました。

その一方で、水平的構造としての高校「内」格差に注目すると、同じような学力偏差値や学校のタイプであっても、学力のばらつきが大きく、ヘビーユーザーが集まる学校ほど、それがネットいじめの要因になることが明らかになりました。つまり、垂直的または水平的両構造における高校別ネットいじめの発生率に着目するならば、それぞれの高校のタイプや生徒文化の特性（磁場）に見合った対策や対応が求められることを意味しています。

もちろん、インターネット上のそれも含めて、いじめを完全に根絶（ゼロにする）することは非常に難しいことです。筆者らはその根絶を奨励、提案しているわけではありません。生徒指導というと、つい個々の生徒たちの問題行動やその要因・背景ばかりに関心が集まりがちですが、それに限らず、一部の生徒たちがネットいじめ加害に引きつけられていく学校という「磁場」に注目することの重要性を指摘しました。

いまや高校生のガラケー・スマホの所有率はほぼ一〇〇％になろうとしています。それは日常に不可欠な情報ツールとして、広く深く彼らの生活に溶け込んでいます。その一方で、本調査の高校生のネットいじめ発生率は八・七％と、ごく一部の生徒のみが経験した一部の現象にすぎません。各種メディアツールやSNSによるトラブルを起因とするいじめ自殺や不登校問題がマスメディアを通じて報じられると、社会はモラルパニックに陥り、スマホ等の所持禁止といった強い規制を支持しがちですが、実際のところ、多くの高校生はそれらと適切に向き合っているとも言えます。

その背景のひとつには、この数年間で、情報ツールや利用に対するモラルや意識が高まり、適切な利用に関するルールが確立してきたことが挙げられます。現在の高校生は、生まれながらにして、インターネットやガラケーといったモバイル空間が自明に存在する中で生育したデジタル・ネイティブ世代に属します。彼らはガラケーやスマホなどの新しいメディアやツールの登場にその都度順応しつつ、学校教育では情報（モラル）教育を受けてきました。とくに平成二〇年度に改訂された学習指導要領以降、教科教育や教科外活動を通じて、情報（モラル）教育が行われるようになっており、その啓発・教育の効果が現れてきたと言えるのかもしれません。

これまでの対策や対応は主として、学校教育という場を通じて、教科教育あるいは教科外活動を通じて、ガラケーやスマホのリスクとともに、適切な利用を提示することに重点が置かれていました。または、生徒の所有や校内での使用に対して、「禁止」とする強い規制をかける高校も少なくありません。これはトラブルを未然に防止しようとする事前対応（予防）です。

それに対して、高校段階では、それまで小学校や中学校において十分な事前指導が行われてきたことを前提に、各校の特性や生徒文化などの「磁場」を考慮した事後対応が重視されるべきでしょう。例えば、インターネットやスマホ等の使用またはＳＮＳへの長時間のアクセスがネットいじめ問題の発生源のみならず、いじめ被害の発見にもつながっているとすれば、ヘビーユーザーの生徒が多い高校では、長時間利用やアクセスがいじめ発生とともに、いじめ発見のリスクを高めることになります。そうであれば、学校や教師は、それぞれの学校や生徒の特徴をふまえて、加害者・被害者双方に対して、トラブルに対する個別具体的な事後対応が求められることになります。また、生徒の多様性やヘビーユースがネットいじめ被害の温床になりうることに対しても、教師や親たちは学校の特性や文化としての「磁場」として、生徒たちに注意を向けていく必要があるのです。

Ⅲ　子どもたちを守る

第8章 義務教育段階で起こるネットいじめの実態

1 小学校・中学校のネットトラブル防止の啓発に携わって

現在、子ども同士のコミュニケーションの手段として、携帯電話やスマートフォン、インターネットに接続できるゲーム機は欠かすことのできないツールとなっています。通話（テレビ電話も含む）や文字・絵文字・スタンプ・画像・動画を駆使したメッセージが交わされています。

例えば、中学生や高校生になると、学校の仲間とのやりとりも相手やそのときの状況に応じてＬＩＮＥやツイッター、インスタグラムなど複数のＳＮＳを使い分け、より相手とのコミュニケーションが円滑になるように工夫もするでしょう。また、多人数でプレイするオンライン上のゲームも、仲間と一緒の時間を過ごす重要なコミュニケーションのツールとなっており、共通の目標（ゲームのクリア等）に向かって協力する中で、「絆」を深めるひとつの手段ともなっています。オンラインのゲームと言ってもさまざまで、スマートフォン専用のゲームアプリ、ＳＮＳ上で提供されるゲーム、家庭用のパソコンやゲーム機を介したソフトなど、そのときの流行、自分自身や所属するグループの興味関心に応じてゲームが選ばれます。

一方で、子どもを見守る側の大人としては、子どもたちがＳＮＳを含むソーシャルメディアやオンラインのゲームを介して、誰と、どんなネット・コミュニケーションをとっているのかが気になるところです。

筆者は、小学校や中学校で、ネットいじめをはじめネットトラブル防止を啓発する講演の依頼を受けて、子どもたちの前で話をする冒頭、日頃のインターネットの利用状況について会場の子どもたちに質問をします。学級、学年、学校によって差は見られますが、ネット上だけのつながり、面識のない「友達がいる」と答える児童生徒の数には驚かされます。児童生徒のうち毎回半数近くは手が挙がるでしょうか。「（ゲーム機の）友達リストは一〇〇人以上知らない人」と自慢気に答えてくれた男子児童に対して、会場全体が「えー！」と声を上げるといった場面も見られました。会場で上がった「えー！」の声の中には、「すごいな」と賞賛する他の児童の声とともに、筆者を含め先生方や保護者の方からの驚きと心配する思いも混じっていたように感じました。「友達リストに知らない人がたくさん入っているのはどうして？」と尋ねると、ゲームのイベントでレアキャラに出会える等のメリットを教えてくれます。オンラインゲームで不特定多数の者と一時的、また継続的にゲームを通じた交流を持つ割合は学年が上がるにつれ高まるように感じます。

中学生になると、仲間や先生の目を気にしてか、小学生と比べると積極的に手は挙がりませんが、ＬＩＮＥをはじめＳＮＳ上のトラブルの話題になると、より真剣な眼差しで話を聴く姿勢が見られます。「他人ごと」ではなく「自分ごと」としてSNSの問題を捉えているように思います。それだけ、中学生にとって仲間とのネットでのやりとりの重要性が増しているとも考えられます。授業を行う前の現場の先生との打ち合わせの段階では、ほとんどの中学校でSNSに関する何らかのトラブルが起こっており生徒指導上の課題となっていることがわかります。

小学生と中学生で起こるネットトラブルのうち、友達間のトラブルを考えるうえで、まずそもそも子どもたちにとっての「仲間」を持つ意味を押さえる必要があります。仲間との関係を含めるということは、授業内外で直面する課題を一緒に挑戦し、ときに意見の相違や言い合いなど気まずい雰囲気になりながら、ともに乗り越えていく中で、お互いが協力するために、仲間とのつながり方や日々の接し方を学び、社会性を伸ばしていきます。また、仲間から認められる経験を積み重ねることで自信をつけます。仲間との交流を通して、相手の気持ちや考えを読み取り、自分の思いを相手にわかりやすく伝えるトレーニングを積むことができます。

小学校・中学校は人間関係を築く基盤をつくる大切な時期です。子どもたちはまだまだ経験値が足りなかったり、お互いの理解が深まっていない段階では、意思疎通が上手くいかず、コミュニケーションを失敗してしまうこともあります。こうした失敗を次に活かすことができればお互いの成長につながるのですが、反対に子どもたちはSNS等のコミュニケーションツールを駆使して、仲間関係で失敗を起こさないようにメッセージ等のやりとりを行うことに力を注いでいるように見られます。

学校で顔を合わせていない時間と場所でもつねに仲間とつながることをネットコミュニケーションは可能とします。コミュニケーションの頻度が増すことで相手のことをより「理解している」、より「理解されている」と思うようになるかもしれません。一方で、大袈裟に言うと二四時間続く仲間とのコミュニケーションの中でメッセージを見落としたり、また行き違いが起こったり、即レスなどつねに何らかのアクションをしないと投稿した相手の気分を悪くするのではないかという緊張状況にしんどさを感じたり、ストレスやイライラが爆発してしまってグループ内でのトラブルへと発展するケースもあるようです。

大人の世界と同様に子どもたちの世界も、ネットコミュニケーションが入り込んできたことによって、仲間関係のありようにリアルとバーチャルの二重構造が生まれ複雑化してきています。ネットトラブルがきっかけで、小学校や中学校の段階で人間不信に陥ってしまう深刻なケースもあります。

二〇一七(平成二九)年に告示された小学校と中学校の学習指導要領の解説では、「インターネット上での誹謗中傷やいじめ」等の問題の深刻化を踏まえ、「情報モラルについて指導することが一層重要となっている」と記されました。同学習指導要領解説で「情報モラル」とは、「情報社会で適正な活動を行うための基になる考え方と態度」であるとし、「情報発信による他人や社会への影響について考えさせる学習活動」「ネットワーク上のルールやマナーを守ることの意味について考えさせる学習活動」「情報には自他の権利があることを考えさせる学習活動」等を通して「情報モラルを確実に身に付けさせるようにすることが必要である」とします。これまでは携帯電話やスマートフォンは保護者が子どもに買い与えるものであり、なかなか学校での指導も難しい場面もありました。しかしGIGAスクール構想が掲げる一人一台端末による授業環境づくりが進む中で、今後は学校と家庭、地域がさらに連携をしてネットいじめをはじめ子どもたち一人ひとりがネットトラブルを起こさない、または回避できる力を習得するための教育・学習機会の充実が求められるでしょう。

そこで、本章では小学生・中学生のネットトラブルの実態をアンケート調査の結果から把握することで、児童生徒が情報モラルを確実に身につけることができる啓発活動のあり方を考えていきたいと思います。とりわけ、ネットいじめ防止を中心テーマに検討していきます。

近畿地方の中核都市のひとつであるA市の実態調査の分析と啓発事業に、筆者を含め本書を執筆するメンバー数名が取り組んできました。次節から、その実態調査の一部として二〇一七年度に実施したA市の公立小学校四〜六年生、中学校一〜三年生を対象に行ったネットいじめに関するアンケートによる悉皆調査の結果を取り上げます。

小学生調査はA市の公立小学校に通う小学校四〜六年生のすべての児童を対象に実施し、合計九〇六四人の回答があり、回収率は九九・三五%でした。中学生調査は、同様に中学校一〜三年生のすべての生徒を対象に八五六七人の回答があり、回収率は九九・五九%でした。

2　小学生のインターネットの使用状況

まずはじめに、A市の公立小学校に通う四～六年生のインターネットに接続できる情報通信機器の所持率と所持開始時期の傾向を見ていきます。

アンケートでは、「インターネットにつながる機器」として、「子ども用携帯電話・子ども用スマートフォン」「子ども用ではない携帯電話・スマートフォン」「インターネットにつながるゲーム機」「その他の機器（パソコン、iPadなどのタブレット、音楽プレイヤーなど）」の四つの機器の所持の有無と所持を開始した時期をたずねました。

「子ども用携帯電話・子ども用スマートフォン」について、「自分のものを持っている」と答えた児童は全体の三六・二一％でした。学年別に見ると、四年生三四・六三％、五年生三八・三一％、六年生三五・七〇％と、学年ごとに大きな差は見られません。所持開始時期は、三学年とも「小学校低学年」（二四・六四％）が最も高い割合を示しました。ただし、四年生（二八・九四％）、五年生（二五・〇七％）、六年生（一九・六九％）と三学年を比べると、所持開始時期が年々早まる傾向にあることがわかります。

「子ども用ではない携帯電話・スマートフォン」について、「自分のものを持っている」と答えた児童は全体の一七・四〇％にのぼりました。学年ごとに見ると、四年生（一一・六一％）、五年生

（一七・五五％）、六年生（二三・三〇％）と、上級学年になるほど所持する割合は高まっていました。所持開始時期については、「小学校低学年から」所持している者が全体の一三・一四％と最も高く、こちらも低年齢化の傾向が見られます。学年ごとに見ると、「小学校低学年から」所持した者が四年生で一八・〇二％、五年生で一二・一三％、六年生で九・〇九％となり、年々、スマートフォンの所持開始時期が早まっていることが読み取れます。

「インターネットにつながるゲーム機」について、「自分のものを持っている」と答えた児童は全体の六四・一六％にのぼります。学年別に見てみると、四年生（五八・五〇％）、五年生（六四・三三％）、六年生（六九・九一％）と、上級生になるほど自分専用のゲーム機を所持する児童の割合が高まります。所持開始時期は、全体では、右の二つの質問項目と同様に「小学校低学年から」（四一・二二％）が最も高い割合を示しました。ただ、異なる傾向として、「小学校に入る前から」自分専用のゲーム機を持っていると答えた児童が全体の一九・五二％にのぼり、「子ども用の携帯電話・スマートフォン」（三・〇二％）、「子ども用ではない携帯電話・スマートフォン」（四・一八％）を「小学校に入る前から」所持開始した割合と比べると高い割合を示しています。また、「小学校に入る前から」と答えた四年生は二三・三一％、五年生は二〇・五九％、六年生は一四・二二％といった結果となり、ゲーム機を所持開始する時期が年々少しずつ早まっていることがわかります。

その他の機器、例えば、「パソコンやタブレット、音楽プレイヤーなど」で自分専用のものを所持している割合は全体で一七・五〇％（四年生一二・二七％、五年生四九・八六％、六年生二二・二四%）となりました。所持開始時期としては「低学年」が最も高い割合を示し、全体の二〇・三三%（学年別にみると四年生二七・一〇%、五年生一九・五八%、六年生一三・七三%）にのぼりました。また、「小学校に入る前から」所持している割合は一〇・八八%でした。

ここまで機器ごとにその傾向を見てきました。また別の質問項目「インターネットにつながる機器のいずれかを持っている、または家に家族用のものがあって自分で使えたりしますか」に、「ある」と答えた児童は全体の九四・五六%にのぼりました。児童の多くがゲーム機を中心に、なんらかの機器を所持したり保護者の機器を使ったりしてインターネットにアクセスしており、その所持開始時期に着目すると低年齢化が進んでいることがわかりました。

アニメーションなどの動画視聴、簡単な操作で楽しめるゲームといったように、生活や遊びを通して、幼児期から自ら機器を操作しインターネットに触れている子どもたちもいるでしょう。インターネットへの過度な依存やゲーム障害が注目される中でその心身への影響を考えると、リテラシーやモラルに関する啓発も保護者を対象としたものを含め小学校低学年、場合によっては就学前教育での取り組みを考え実施していく必要性が今後さらに高まることも予想されます。

3　小学生のネットいじめの実態

前節では小学校四～六年生のインターネットの使用状況を知るために、所持している機器とそれ

表8-1 「ネットいじめ」の経験がある小学生の割合

（%）

	4年生	5年生	6年生	全校
たくさんある	0.62	0.42	0.34	0.47
たまにある	2.56	2.88	2.86	2.77
ほとんどない	4.24	4.09	5.82	4.70
まったくない	81.75	80.78	84.82	82.41
無回答	10.82	11.83	6.16	9.66

らの所持開始時期の傾向を見てきました。それをふまえ、児童のネットいじめの経験の有無とその内容から、小学生のネットいじめの実態を分析します。

まず、ネットいじめの経験の有無を問う質問項目として「前の学年（四年生なら三年生）から今までの間に、携帯電話、スマートフォン、ゲーム機、パソコンなどで悪口を言われたり、いやなことをされたりしたことはありますか」と、前の学年から今の学年にかけての経験をたずねました（表8-1）。

表8-1を見ると、「たくさんある」は学年が上がるごとに減少しています。「たまにある」は四年生が最も低く、五年生と六年生はほぼ同じ割合を示しています。「ほとんどない」は六年生が五・八二％にのぼり、ほかの二学年に比べ割合が若干高いことがわかります。学年が上がっていくと、ネットいじめの経験が「たくさん」と答える割合が低くなり、一方で、「たまにある」と答える割合は四年生よりも五、六年生のほうが若干高くなることがわかりました。学年が上がっていく中で、当初は特定の誰かに集中して攻撃を加えていたがその行為が減っていったのか（「たくさんある」の割合の変化）、または、攻撃対象が分散され特定

の誰かではなくターゲットが移行していく攻撃スタイルへと変化していったのか（「たまにある」の割合の変化）、さまざまな解釈を加えることができます。

一方で、アンケート結果から「ほとんどない」を選択した子どもたちの中には、「本当はたまにあるけど『ある』とは答えたくない」と考える場合もあるのかもしれません。いじめとは、被害者の同じ仲間としての尊厳を踏みにじる行為です。ネット上で攻撃を受けた被害者の子どもの中には「いじめられるような人間」と自らを受け入れることは自らの存在を否定することにつながってしまうので、たとえ匿名のアンケートでも、いじめられたことが「ある」と答えることに抵抗を感じてしまうかもしれません。また、自らの尊厳を保ちつつ、いじめの被害にあったことを訴えるために「ほとんどない」を選択しているとも考えられます。ネットいじめの解決に向けて、アンケート調査とともに可能であれば聴き取り調査も行い、被害者の子どもの複雑な思いを読み取る必要もあるのかもしれません。

では、実際にどんなネットいじめの経験にあっているのでしょうか。アンケートではネットいじめの経験が「たくさんある」「たまにある」「ほとんどない」と回答した者を対象に「どのようなことをされましたか」への回答を求めました（表8-2）。他の質問項目と比較して、「ゲームで悪口を言われたり、いやなことをされた」と回答する割合が抜きん出て高いことがわかります。そのほかに気になる点として、小学校六年生になるとＬＩＮＥをはじめとしたＳＮＳ上のトラブルが増加する点です。

表8-2　小学生の経験する「ネットいじめ」の具体的な内容

（%）

ネットいじめの内容	4年生	5年生	6年生	全校
電話やLINE通話などで悪口を言われた	5.75	4.42	8.78	6.44
いやなことを，1対1のメールやLINEなどで書かれた	6.19	3.98	14.12	8.40
いやなことを，グループトーク・チャットなどで書かれた	7.96	8.85	12.60	9.94
いやなことをツイッターやブログ，掲示板などに書かれた	1.77	3.98	3.82	3.22
ゲームで悪口を言われたり，いやなことをされた	62.83	74.78	55.34	63.87
LINEなどで，グループを外され，仲間外れにされた	4.42	1.77	3.82	3.36
その他	8.41	12.39	16.03	12.46
無回答	18.14	10.18	9.92	12.61

「その他」を選択した児童には、具体的な内容の記述を求めました。その結果は、ほとんどがゲーム機やスマートフォンのアプリでオンラインゲームをプレイしている最中に起こったことについての記述でした。具体的なゲームソフトの名前も挙げられていました。

アンケートの記述を取り上げて、オンラインゲームで小学生のネットいじめの被害が出ていることについて、その内容をもう少し詳しく検討しましょう。

いつも学校や習い事で一緒の仲間と、対面（リアル）で「バイバイ」した後、離れた場所にいても、オンラインゲーム上で「待ち合わせ」し、バーチャルな世界で「遊ぶ」ことが可能となりました。面識のある（リアルの）仲間だけでなく、ゲームの設定によっては同じ時間帯にプレイしている不特定多数のプレイヤーとバーチャルな世界で「出会い」、「つながる」ことができます。リアルにもバーチャルにも大好きなゲームを介して仲間とつながれる、こういったワクワク感いっぱいの一方で、小学生は「怖い」経験と「痛い」思いをしています。

その「怖い」経験や「痛い」思いとは、具体的にはゲーム上で、①チャット機能を使っていきなり面識のないプレイヤーから暴力的なコメントが送られてきた、②自分が作ったゲーム上の家や街を壊された（荒らされた）、③ゲームにログインするＩＤとパスワードを改ざんされてログインできなかったり、勝手に誰かがログインしてゲームを進めてしまったりした、といったことなどが挙げられます。

①と②は、とくに同じ時間帯にプレイする不特定多数の者から攻撃されるケースも少なくなく、「誰が、どんな人が攻撃してきたのかわからない」といった特定できない不安、「なぜ見ず知らずの人から自分がひどいことを言われるのか（言われなければならないのか）」といった不信が募ります。さらに、ゲーム上では学校生活のように決まりやルールがないから「なにをしても大丈夫」といった考えも芽生えかねません。「やられたらやり返す」といった児童の攻撃性を増幅させる危険性もあります。

③は顔見知り（リアル）の友達間で起こるいたずら感覚で行ったふざけが発端となっていると考えられますが、これは大人の世界では不正アクセスを禁止する法律等では罰せられる可能性もあります。

こうしたネットいじめを防ぐためにはどうすればよいのでしょうか。まず一つがオンラインゲームの設定です。ソフトや機器によって異なりますが「プライバシー設定」「みまもり設定」などといった設定操作をし、保護者が子どもの状況を見たり、また相談しながら安心安全に子どもがゲームをプレイできるように制限や監視をしていくという方法があります。もう一つは、ゲームをはじめインターネット上には、現実の世界と同じようにやってはいけないことがあると、具体的な事例をもとに説明することです。たとえ安易な気持ちのいたずらであっても、社会のルールでは罰を受ける行為であり、また被害者の大切な情報の流出を引き起こしたり、被害者の気持ちを傷つけることがあるといったことを、児童が納得するように丁寧に説明する必要があるでしょう。

アンケートの結果に戻ると、小学生のネットいじめのもう一つの特徴である、高学年で起こるSNSによるいじめは、中学生で起こるネットいじめの特徴と重複しています。中学校への入学を控えた六年生になると、SNSのトラブルの増加がアンケート結果からわかりました。

先述したように、子ども用ではないスマートフォンを所持する割合が六年生は全体の二割に達しています。啓発活動で小学校に講演に行く際、六年生の学級でも、クラスのSNSのグループが立ち上がっているケースもありました。また、先生や保護者の方々の話から、高校生や中学生の兄や姉がいると、兄や姉がSNSを使用しているのを見たりその内容を聞いたりするためか、児童がSNSに興味を早い段階でもつケースもあるようです。

さらに、保護者の悩みとして、学校段階が異なる兄や姉がいると、例えば小学生の弟や妹にのみ家庭内でルールをつくり、そのルールに基づいた使用を進めることはなかなか難しい、といった声も聴かれました。家庭でのルールづくりで「家族全員が守る」といった項目を見ることがありますが、その内容によってはなかなか各家庭での子どもへの指導も難しい場面もあるように思います。

ＳＮＳのアプリの中には青少年保護のため利用推奨年齢を一二歳以上に引き上げるとともに保護者が管理できるアップデートを行ったものもあります。学校の仲間などと触れ合い、自分の気持ちを表現できる力や、相手や状況を読み、接し方や言葉かけをする力を、これから身につけていく子どもの段階だからこそ、保護者は児童のＳＮＳ利用についても各運営会社のガイドラインなどを確認し、使用を制限する設定を行う必要があるでしょう。

以上、小学生の特徴的なネットいじめをまとめると、まずインターネットに接続できるゲーム機がツールとなっていること、多人数参加型のオンラインゲームで、リアルな友達から嫌がらせを受けたり、また、「初心者狩り」などプレイヤー・キラーの一環で不特定多数の者から攻撃を受けたりするケースが挙げられます。ネット検索をすると、ゲーム上で嫌がらせするシーンの動画がアップされたり、「(ゲーム上で)生意気な小学生をこらしめる」といった書き込みが散見されたりします。また、学年が上がると、スマートフォンの所持率も高くなってくることも影響して、ＳＮＳのやりとりにおけるトラブルも、とくに六年生になると増加してくる点を押さえる必要があるでしょう。

4　中学生のインターネットの使用状況

中学生についても、小学生同様にインターネットに接続できる機器の所持率と所持開始時期の傾向を見てみましょう。

情報通信機器について、「インターネットにつながる機器」とし、「スマートフォン（子ども用以外）」「『ガラケー』と呼ばれる携帯電話（子ども用以外）」「子ども用携帯電話・スマートフォン（キッズ携帯など）」「インターネットにつながるゲーム機」「インターネットにつながるパソコン」「その他の機器（パソコン、iPad 等のタブレット、音楽プレーヤーなど）」の六項目について所持の有無と所持開始の時期を質問しました。

「スマートフォン（子ども用以外）」について、「自分のものを持っている」と答えた生徒は全体の五三・七二％でした。学年別に見ると、一年生四四・〇〇％、二年生五四・八四％、三年生六二・一〇％と、学年ごとに自分専用のスマートフォンを持っている生徒の割合が高まります。

小学生の所持する機器の特徴がゲーム機であれば、中学生のその特徴はスマホと指摘できます。小学校卒業から中学校入学の段階で「スマホデビュー」を果たす生徒も少なくないでしょう。まだ所持できていない生徒の中には保護者に「みんな持っているから買って」「仲間はずれになる」と交渉し念願を叶える生徒もいることでしょう。「スマホを持っていない」ことで放課後のSNSやオンラインゲームのやりとりに参加できず、次の日、学校での話題についていけないといった悩みを持つ場合もあるようです。「スマホを持っている」メンバー同士はさまざまなやりとりを共有することで仲を深め、意図的でないにしても、前日放課後にバーチャルな世界でやりとりしたことが次の日の学校での話題に持ち込まれることで、グループ内の「持っていない」メンバーは疎外感を抱く場合もあります。状況によっては仲間関係のトラブルに発展しかねないため、SNSの使用について「持っていない」メンバーを意識して学級や部活動での指導も必要となるでしょう。

「『ガラケー』と呼ばれる携帯電話（子ども用以外）」について、「自分のものを持っている」と回答した生徒は全体で一〇・七四％でした。学年別に見てみると、自分専用「ガラケー」所持者はいずれも九～一一％台にとどまります。所持を開始した時期は、「中学校一年生から」（二・九五％）が最も高い割合を示し、次いで「小学校低学年から」（二・四九％）、「小学校五年生から」（二・〇三％）といった順番となっています。所持するならば「ガラケー」よりも「スマホ」の傾向が見てとれます。

「子ども用携帯電話、スマートフォン（キッズ携帯など）」は、全体の一〇・〇七％が自分専用のものを所持していました。所持開始時期を見てみると、最も高い割合を示したのが「小学校低学年から」（三・七四％）、その次が「小学校四年生から」（二・六三％）、「小学校五年生」（二・一五％）と続きます。小学校六年生と中学校一年生は一％台を推移し、「中学校二年生から」所持開始する生徒は〇・〇六％と割合がさらに低くなることが特徴的です。おおよそ小学校から使用してきた子ども用の各種機器からの「卒業」が中学校の早い時期に果たされる傾向にあるようです。

「インターネットにつながるゲーム機」について、「自分のものを持っている」と答えた生徒は全体の五八・七七％でした。学年別に見てみると、一年生（五九・四二％）、二年生（六〇・七七％）、三年生（五六・八四％）でした。所持開始時期は、「小学校低学年から」（二八・五三％）をピークに、次いで「小学校四年生から」（一〇・五二％）となっています。また、「小学校に入る前から」所持している者は七・七九％にのぼります。調査対象の中学生たちは、小学校入学前から小学校四年生までの間で、およそ半数がインターネットにつながる自分専用のゲーム機を所持していることがわかりました。

「インターネットにつながるパソコン」について、自分専用のものを所持している割合は全体で五・七五％（一年生四・七三％、二年生五・四一％、三年生七・一〇％）と、ほかの機器と比べ割合は低いことがわかりました。ただし、同じ質問項目の選択肢「自分のものを持っている、または家にあって自分で使える」と回答した生徒が全体の六三・五六％にのぼります。所持開始時期として最も高い割合を示すのが「小学校に入る前から」（一三・一一％）で、ほかの機器と同じく低年齢化の傾向が見られました。

「その他の機器（パソコン、iPad 等のタブレット、音楽プレーヤーなど）」の所持状況ですが、自分専用のものを持っている割合は全体で三七・九〇％で、学年が上がるごとにその割合は高くなります（一年生三一・八三％、二年生三八・五八％、三年生四三・一六％）。これらの機器の所持開始時期は、「中学校一年生から」（一二・四九％）がピークとなり、次いで「小学校六年生から」（一一・一二％）でした。小学校高学年から中学校入学時にかけて手に入れる子どもが多い傾向にあります。

中学生の機器別の所持状況とその開始時期について見てきました。今回の調査から、インターネットに接続できる機器の中で中学生の自分専用機の所持率が高いものとして、「スマートフォン」

「ゲーム機」を挙げることができます。そのほか、中学生調査から、インターネットに接続できる機器の種類により所持開始時期に差があることが明らかになりました。

5　中学生のネットいじめの実態

今回のアンケート調査の結果から小学生のネットいじめの被害経験は主にインターネットにつながるゲームのプレイ中の出来事であることがわかってきました。中学生調査ではどんな実態が見えてくるのでしょうか。「前の学年から今までの間に、インターネットで悪口を言われたり、いやなことをされたことはありますか」と中学生に質問した結果を表8-3にまとめました。

小学生調査と比べると、中学生調査のほうが「たくさんある」「たまにある」「ほとんどない」と回答した生徒がいずれも約二倍近く増えていることがわかりました。

ネットいじめの経験が「たくさんある」「たまにある」「ほとんどない」を選択した生徒にのみにそのツールの回答を求めた結果、「スマートフォン」（六九・二八％）が突出しており、次いで「インターネットができるゲーム機」（一九・八六％）でした。小学生のネットいじめの傾向で述べましたが、小学生から中学生にかけて、オンラインゲームからSNSへとネットいじめが起こるアプリやツールが変化していることがわかります。オンラインゲームによるいじめ被害も一定数見られますが、中学生はSNSを介したいじめ被害者の実態を把握する必要があると言えるでしょう。

表8-3 「ネットいじめ」の被害経験がある中学生の割合

(%)

	1年生	2年生	3年生	全校
たくさんある	0.50	1.14	1.22	0.96
たまにある	3.60	6.59	6.13	5.45
ほとんどない	6.44	9.12	10.30	8.64
まったくない	86.33	80.59	79.26	82.02
無回答	3.13	2.56	3.10	2.93

表8-4 中学生の経験する「ネットいじめ」の具体的な内容

(%)

ネットいじめの内容	1年生	2年生	3年生	全校
電話やLINE通話などで悪口を言われた	8.78	8.85	10.45	9.46
いやなことを，1対1のメールやLINEなどで書かれた	23.65	32.30	32.54	30.41
いやなことを，グループトーク・チャットなどで書かれた	19.93	21.60	18.74	20.09
いやなことをツイッターやブログ，掲示板などに書かれた	5.74	12.55	20.12	13.96
自分の情報（住所や電話番号，LINEのID，成績や好きな子の名前など）を書かれた	3.04	6.17	4.34	4.73
自分の画像や動画を，無断でインターネットに載せられた	5.74	10.49	9.86	9.15
ゲームで悪口を言われたり，いやなことをされた	23.31	16.46	13.81	16.99
LINEなどで，グループを外され，仲間外れにされた	10.81	11.93	8.48	10.32
その他	44.93	31.89	23.67	31.65
無回答	8.78	8.64	9.27	8.92

では、中学生が経験しているネットいじめの具体的な内容を詳しく見ていきます（表８－４）。「その他」の項目を除き、最もネットいじめの被害内容の割合が高かったのは、「いやなことを、一対一のメールやＬＩＮＥなどで書かれた」（三〇・四一％）で、次いで「いやなことを、グループトーク・チャットなどで書かれた」（二〇・〇九％）となりました。今回の調査結果から中学生のネットいじめの特徴のひとつは、ＳＮＳ上の一対一やグループでのやりとりで特定のメンバーの心を傷つける書き込み、画像や動画を投稿する直接型のネットいじめであることがわかってきました。

そのほかの項目では、「ゲームで悪口を言われたり、いやなことをされた」（一六・九九％）の割合も無視することができないでしょう。小学生のネットいじめの特徴であったオンラインゲーム上のトラブルは中学生でも起こっています。不特定多数がプレイするオンラインゲームでは、子どもから大人まで幅広い年齢層がいます。そのため、児童や生徒のみに「ゲーム上であっても相手に誹謗中傷することを言ったりしたらダメだ」と説明しても、大人の意識や態度が変わらなければ「なぜ子どもだけ守らなければいけないのか」と、かえって大人に対する不信感や、オンラインゲームなどバーチャル世界は「なんでもありなところ」といった意識を、子どもたちは持ってしまうかもしれません。小学生や中学生をはじめ、青少年が安心安全に「オンラインゲーム」を楽しめる環境を整えるためには、私たち大人のゲームプレイヤー一人ひとりの意識の変容が求められます。

学校段階でのネットいじめを防ぐ学習機会をさらに有意義なものとするための工夫はもちろん引き続き大切ですが、学校を卒業した大人たちを対象に社会教育の場などで保護者だけではなく広く情報モラルを考え自身の行為を振り返り、場合によっては改善するといった学習機会をどうしていくのかといった議論も今後必要となるかもしれません。

一方で、小学生調査と異なる傾向の一つに、「いやなことをツイッターやブログ、掲示板などに書かれた」（二三・九六％）を挙げることができます。例えば、被害者を誹謗中傷する目的で、不特定多数の者が投稿できるSNS上に文字だけでなく画像や動画をアップし被害者のことを晒すといった方法があり、これを間接型のネットいじめと捉えることができます。

場合によっては、加害者側は自分が加害者と特定されないためにいつも使用しているSNSのアカウントではなく、新たなアカウントを作成するなどの隠蔽も行われます。被害者はその事態を周囲の友達やその投稿を行った加害者本人から知らされるのです（「誰が投稿したか知らないけど、こんな書き込みがあったよ」などと演じて）。こうした陰湿ないじめ被害を生み出す間接型のネットいじめは、被害生徒の精神的なダメージをさらに大きくする危険性があります。今回の調査ではこのような間接型のネットいじめに近いいじめも中学生の間で起こっていることがわかりました。

そのほかの特徴として「ＬＩＮＥなどで、グループを外され、仲間外れにされた」（二〇・三二％）が挙げられます。ＳＮＳ上で簡単にグループ内からメンバーの削除ができ、ちょっとした「悪ノリ」や「ネタ」としてグループ内の誰かを削除し相手を困らせその反応を楽しむといった行為が見られます。

自分の意思に反して所属先から「削除」されることは、バーチャルな世界のことであっても、よい気持ちとは言えないでしょう。ただ、そこで「削除」されたメンバーがどういった反応を相手に見せるかによって「あいつは面白い」とメンバー内の評価が上がったり、「あいつは空気を読めている」とメンバー内の位置づけが維持されたり、「なにキレてるん？　変なやつ」とメンバー内の位置が揺らぎ居づらくなってしまう状況に追い込まれることもあります。

したがって、つらい感情をどこかにしまい込んで、自分を「削除」したメンバーに対する最適解を提示する（演じる）ことに挑まなくてはなりません。問題を複雑にするのが、「削除」した側はいじめと認識していないことです。あくまでその場の「ノリ」ですから、「削除」された側の感情まで思いが至らない場合が多いのではないでしょうか。またすぐに返信する（即レス）が子どもたちの「マナー」であるならば、「削除」された経験と「痛み」を知ってその時は思い悩んでも、毎日続くやりとりの中でそうした「痛み」に対して感覚がマヒしていくのかもしれません。

SNS上での「グループ外し」が問題化された影響もあり、二〇二一年二月段階では、例えばLINEでは、誰が「退出」させたのか表示されるようになっています。実態に即した改善を期待するとともに、子どもたちがそうした行為に走る前にちょっと立ち止まって考えられるように、また、お互いに「やめなよ」と注意できるような関係構築につながる教育現場での教材づくりや学習方法の開発をさらに検討し実践していく必要があると考えられます。

その他、子どもたちのSNSでのグループの立ち上げ方として、いつも一緒にいるメンバーのグループだけではなく、誕生日会のサプライズのため、遊びに行く計画のためなど、イベントごとにグループがつくられるケースがあります。グループ数が増えることで、メンバー間での情報が錯綜するなど行き違いが生じ、結果的に人間関係がこじれてしまうこともあります。

また、前からある友達グループとは別立てで、「気に入らない」メンバーを抜いたグループを立ち上げ、そこで被害者への悪口や嫌味を言い合う、そんなグループがあることを被害者が知りトラブルとなるケースもあります。

このケースについて、もう少し複雑なパターンもあります。例えば、メンバーの中に好き放題言う者がいるため相談事がまとまらないから新しいグループトークをこっそり立ち上げたりします。その場はうまくまとまるかもしれませんが、後々になって新しいグループトークの存在をそのメンバーが知ってしまい、心を傷付けてしまうといったトラブルも起こります。

アンケート結果に戻ると、その他のネットいじめの具体的な項目として「自分の情報（住所や電話番号、ＬＩＮＥのＩＤ、成績や好きな子の名前など）を書かれた」被害も四・七三％にのぼります。不特定多数の者が集まるＳＮＳや掲示板への書き込みはとくに注意しなければならず、個人情報が悪用され被害者が事件に巻き込まれる可能性も考えられます。面白半分で行ったことが取り返しのつかないことになる情報を発信する意味や責任を、さまざまな活動を通して子どもたちが学びとっていく機会をつくっていく必要があります。

ここまで中学生のアンケート結果からＳＮＳで起こるネットいじめの内実について見てきました。インターネットに接続できるツールを持った子どもたちの仲間関係とは、現実世界とネット上のバーチャルな世界の両方の世界で構築されており、両方の世界を行き来し仲間関係を維持しようとするため、ＳＮＳで仲間の誰がいつどんな投稿をしたのかといった点に細心の注意を払う必要があります。グループのトーク欄への書き込みだけではなく、メンバーのステータスメッセージやプロフィール欄などもチェックしなければならない場合もあるようです。

このように仲間関係のメンテナンスのため、子どもたちの中にはＳＮＳの確認ややりとりに多くの時間を注ぐ子どももいます。「私は仲間からどう思われているのか」「グループから浮いていないだろうか」と、オーバーかもしれませんが、二四時間ずっとＳＮＳから離れられず気持ちがやすまらないといった子どももいるでしょう。

では、こうした緊張関係が続く仲間関係に子どもたちはどうして我慢することができるのでしょうか。学校やクラスなどでの孤立を回避するために我慢するといった理由が最も子どもたちの感覚に近いのでしょうか。一方で、ＳＮＳ上で、関わりたくない相手とのやりとりを「ブロック」したりすることで、つながった「友達」関係を解消したり簡単にできる今日、「卒業したらもう会わないから今は我慢する」といったように、現実の人間関係もＯＮ／ＯＦＦする、まるでスマホやゲーム機を操作するような切り替えができるような、あっさりとした関係と表現したらよいか、ドライな関係と表現したらよいか、「秘密」を共有し、お互いの至らない部分を指摘しあって、困ったときは助け合って、「絆」を深めるといったこれまでの仲間集団の考えにあてはまらない関係となっているように思われます。

ネット・コミュニケーションの浸透によって子どもたちの人間関係が複雑になる中で、「一生の友」ではなく「その場しのぎの友」という感覚が強くなってきているのかもしれません。それは決して子どもだけの問題ではなく大人にも同様なことを注意しなければいけないでしょう。

6 義務教育段階のネットいじめを防ぐために

前節までA市の公立の小学校と中学校で実施したアンケート調査結果をもとに義務教育段階で起きるネットいじめの実態を見てきました。この節では、本章のまとめとして義務教育段階のネットいじめを予防する教育実践のひとつの事例として、先述したアンケート結果をふまえたA市の実践を二つ紹介することにします。

一つはアンケート協力校での啓発講演、もう一つは、子どもと保護者を含めた地域の多様な主体による児童生徒の安心安全なインターネット利用のためのガイドライン作りです。とくに後者について詳しく説明をします。

まずアンケート協力校での啓発講演について説明します。前節で紹介したアンケート結果は全体の結果であり、A市の児童生徒のネットいじめの実態を分析するうえで重要なデータとなりました。このアンケート調査は市全体の傾向を調べるだけではありませんでした。学校、学年、クラス別にアンケート結果を筆者ら啓発講演にあたる者が中心になって分析し、その結果の説明にアンケート対象であった公立学校を訪問します。管理職の先生をはじめ、いじめ防止に取り組む主担当の先生や情報モラル教育の担当の先生などと面談し、市全体の傾向とともにその学校や学年の特徴的な傾向を説明します。次に、いま学校で対応しているネットいじめやトラブルの事案について聴きとりを行います。同時に、児童生徒のオンラインゲームやSNSなどの流行や先生方の日々の指導状況や指導上困っていることなども質問します。ここまで情報共有をしたうえで、啓発講演の内容について意見を交わします。

啓発講演は、四年生、五年生、六年生が集まる全体集会であったり、学年ごとに行われる集会であったり、各学級を一組ずつ回るなど学校の時間割編成に応じて実施します。基本的に、アンケート結果をもとに講師がスライド資料を準備し、児童や生徒に質問しながら話を進めるといった内容です。各学校、各学年、各クラスによって講演で取り上げる内容をカスタマイズしていく方針を取りました。全体的には、小学生はオンラインゲーム、中学生はSNSと大きく括ることができますが、アンケートを細かく見ると、また現場の先生に話を伺うと、スマートフォンの所持の割合であったり、流行であったり、ネットいじめの事案であったりと、それぞれ異なる傾向を示す場合があります。限られた時間の中で、子どもたちの実態により即した、子どもたちの心により響く啓発とするためにはどんな構成にすればよいか、学校側との事前打ち合わせによってその学校、学年、クラスにあわせてカスタマイズし講演を進めました。

もう一つは「子どもの思いを一番に大切にする」を合言葉に、大人が一方的に決めるのではなく、

表8-5　A市による子どものネット使用の家庭でのルールづくりのガイドライン策定過程

年	月	項　目	内　容	対象（参加者）
2017年	5月	インターネット利用の実態調査	アンケート調査	A市立小学校4-6年生，中学校1-3年生
	7月	ルールづくりのガイドライン検討	ワークショップ	PTA代表者，行政職員，研究者
	8月	中学生によるルールづくり	ワークショップ	中学生代表，行政職員，研究者
	9月	パブリックコメントの募集・集計	アンケート調査	A市立小学校4-6年生，中学校1-3年生
		掲載内容・構成の検討	ワークショップ	PTA代表者，行政職員，研究者
	12月	ガイドラインの配布	保護者会で配布	各学校
2018年	5月	インターネット利用の実態調査	アンケート調査	A市立小学校4-6年生，中学校1-3年生
	7月	調査結果に基づく検証作業	検証会議	PTA代表者，行政職員，研究者

また児童生徒の意見だけで決めるのではなく、大人も子どももお互いの思いや願いを伝え合ったうえで、市全体で共有する家庭でのインターネット使用のルールづくりの方針策定に取り組みました。

まず初めに、大人の思いや願いを集約するためにA市役所の大会議室にて各学区のPTA代表者、行政関係者、学識経験者、教育委員会、警察の担当者が集まり、A市担当部署が作成したガイドライン（案）を検討するワークショップを実施しました。異なる立場の参加者が話し合えるように七つのグループを構成して、A市内の児童生徒のインターネット使用に関する現状やトラブル事例から各テーブルで付箋紙と模造紙を用いて「なぜこうしたトラブルが起こるのか」「どんなルールづくりや関わりを進めればよいか」など意見を出し合いました。

その中で、「個々の家庭で基準が違う」「家庭でカスタマイズしすぎると、それによってトラブルの種になるかもしれない」「標準的なルールが示されその他は家庭で決めることがよいのではないか」「ネットいじめや依存の怖さなど説明事項を先に載せ、それを読んだうえで各家庭、子どもに応じてルールを考えたほうが効果的ではないか」といった意見が出ました。その結果をもとにガイドライン（案）を加筆修正しました。

このガイドライン（案）を今度は地域の中学生に示し、家庭でのインターネット使用のルールに関する思いや願いを集約しました。中学校の夏期休暇期間を活用し、各学区の代表生徒が四〇人近く集まりインターネット利用のルールづくりを考えるワークショップを行いました。また、A市では児童生徒へのパブリックコメントを募集しました。各学校を通じて対象児童生徒に意見募集のチラシを配布し、チラシ裏面にコメント欄を設けました。回収は、各学校に設置を依頼した回収箱に投函する方法と、チラシのQRコードを読み取り、スマートフォンもしくはパソコンから応募する方法の二つを採用しました。質問項目「どんなルールがあったら守ろうと思いますか」には一九五件のコメントが寄せられました。

子どもたちを対象としたワークショップやパブリックコメントで示されたその思いや願いを、大人を代表するメンバーの話し合いに議題として取り上げてもらい、最終的に市全体で取り組みガイドラインを策定しました。

そして、掲載内容とその構成を検討しました。A4サイズのリーフレットとし、子どもとその保護者が一緒に読み進められるように四つのステップを設けました。ステップ1でインターネット使用の現状把握、ステップ2で小中学生の間で見られるインターネット上でのトラブル事例の学習、ステップ3でトラブルを防ぐためのルールづくりへの理解、ステップ4で具体的なルール案の理解、ステップ5でルール作成、といった構成となっています。それぞれの家庭に応じたルールづくりに向け、子どもの使用状況に応じて、出会う確率が高くなるトラブル事例、それを防ぐための具体的なルール案がわかるように、「〇〇にあてはまる場合はステップ4の何番目のルールがおすすめ」といった工夫も取り入れました。その後、完成したガイドラインをA市立の小中学校を通して保護者へ配布しました。

こうした啓発講演の取り組みや、子どもと大人のそれぞれの思いや願いを大切にした家庭でのルールづくりのガイドラインの策定と配布などの複合的な取り組みの成果が少しずつ出てきたのか、先述した二〇一七年に実施したネットいじめの前の学年からの有無ついて「たくさんある」と「たまにある」を合わせた割合を比較すると、小学生は、二〇一七年は三・二%だったところ、二〇一八年は三・七%と微増で留まり。中学校では、二〇一七年で六・四%であった割合が二〇一八年段階では四・七%まで減少していることがわかってきました。

今回のアンケート結果の分析や啓発活動の成果として、より一人ひとりの子どもの心に届く活動を行うためには、学校から協力を得て、地域、学年、学級の実態にできるだけ即して、その都度授業や講演で取り上げる内容を少しずつカスタマイズしていく方法を提案できたことが挙げられます。どの学年についても、その発達段階に即して、インターネット全般に関する学習機会は今後ますます必要となるでしょう。さらに、インターネットの使用の低年齢化が進む状況において、小学校低学年、あるいは就学前の段階で幼稚園や保育所、こども園に協力を得て保護者を対象とした啓発を検討し実施していくことも求められるでしょう。

今回、小学校と中学校のネットいじめ防止に向けた取り組みを紹介してきましたが、高等学校、さらにはその先の高等教育機関にもおいても、継続的してインターネットの光の部分はもちろんのこと、影の部分や犯罪事例、消費生活上の課題、交友問題など、義務教育卒業後も若者の自立に向けたより具体的で実践的なカリキュラムの策定が求められるでしょう。

第9章 ＩＴを活用して子どもを守る

1　ＩＴ企業の立場から調査に関わるということ

本章では、ＩＴ（情報技術）を活用して子どもを守る取り組みについて紹介したいと思います。筆者は、家庭での子どものインターネット利用の見守りをサポートするスマートフォンアプリケーション（スマホアプリ）である Filii（以下、フィリー）を提供しているＩＴベンチャー企業エースチャイルドの代表取締役を務めています。調査・研究においては、例えばディスカッションの円滑な進行のためＳＮＳ・アプリ等の仕様や使われ方などについて補足するなど、技術的側面からサポートする形で調査チームに参加しています。

フィリーを提供するだけでなく、依頼を請ける方式で年一〇〇回程の啓発講演を実施しています。今回のような膨大なデータからいじめの構造を明らかにするような大規模調査は、いじめの問題に取り組むうえで大変重要なものです。思い込みや勘で啓発や対策を講じるのではなく、データから見える事実にもとづいて啓発や対策を行うことが必要です。データベイスド（データにもとづいた）、エビデンスベイスド（証拠にもとづいた）という考えは、教育社会学の考えと一致するところです。IT企業の知見を活かしてこういった取り組みに協力し、自社としても気になる点は調査・研究の中で明らかにしていく、そしてそれを社会問題解決に実践的に活かしていく、そのために参加しています。

啓発活動を行う事業者はもちろん我々だけではありません。いじめの舞台・手段として、SNSやコミュニケーションアプリなどのスマホ・ネット関連技術が利用される「ネットいじめ」が存在する以上、関連する事業者もまた、この問題に向き合っていく必要があります。「いじめ」という問題は家庭や教育の場だけで解決していく問題ではありません。実際のところ、啓発講演に関しては、携帯キャリアやゲーム会社、SNSやコミュニケーションアプリの事業者など、多くのIT系企業やその関係者が携わっています。こういった調査は、それらの活動を通して広く世間に伝えられ、活用されていくべきものと考えています。

2 フィリーとは

フィリー開発の経緯

ここでは、フィリー開発の経緯、機能や仕組みについて説明していきます。

みなさんは、子どもの遺書を読んだことがあるでしょうか。ネット上には、いじめを苦に自ら命を絶った子どもの遺書というものが、数多く公開されています。それは、その子どもの保護者が、同じような悲劇を繰り返さないために、もしくは、自殺事件の真相を明らかにするためにという思いから、また、子ども自身も同様の理由で公開を望んでいることを遺書に記述していた場合などに公開されているものです。そのすべてが大変衝撃的な内容であり、一通一通、目を通すたびに、本当に心が締めつけられるものばかりです。

筆者はフィリーを開発するにあたって、何十通もの遺書を何度も読み、遺書を書く子どもの心境がどんなものかを把握しようと試みました。その中で、多くの遺書に共通して書かれている内容が、三つあることに気づきました。

(1) 周りに言えなかった
(2) 周りが気づいてくれなかった
(3) 親に心配を掛けたくないので隠していた

とくに注目したのは(3)です。子どもは、「親に心配を掛けたくない」と思っているようです。普段から仲の良い、気さくになんでも親に相談する仲であっても、これは起きているようでした。そもそもたいていの親は、心配を掛けられなくても、つねに子どものことを心配し、気にかけているものです。心配を掛けたくないので隠す、そして最悪の事態に……といった状況の悲痛さは、言葉になりません。

フィリーは、問題が起こりそうなときに、その状況の変化をつかむ手立てとして、「危険な状況が発生しそうな可能性を伝える」という、情報を伝える仕組みの提供を出発点としています。これがうまく実現され、広く一般に受け入れられるようになれば、(3)だけでなく、(1)や(2)のケースも減らすことができると考えています。

フィリーの仕組みと機能

フィリーのコンセプトは、「使いながら守る」です。SNSやコミュニケーションアプリの利用率が年々高まり、すでに子どもたちの間で重要なコミュニケーション手段となっていることは、本書でも指摘されています。フィリーは、使うことを前提にした仕組みです。「使いながら守る」のコンセプトは、以下の三つのポイントで成り立っています。

(1) 使える：子どもの機能利用に制限をかける機能は提供しない
(2) 気づく：利用する以上リスクは認めたうえで、リスクを見えるようにし、問題が起きる前の段階で異常に気づける環境をつくる
(3) 親子で：親子で守る、親子で学ぶなど、危険情報や利用状況の共有から、親子でネットトラブルへの対処や利用マナー、よりよい使い方を話し合う機会をつくる

いじめ対策だけではない

実はフィリーが対象としているリスクは、「ネットいじめ」だけではありません。対象は広く「ネットトラブル」です。以下の項目にも着目し、注意を促しています。

生命の危険：いじめに限らず、「殺す」「死ね」などの生命を脅かす直接的な表現
依存：ネット・スマホ依存につながる利用時間や利用回数など
出会い系：出会い目的のやりとり
詐欺：詐欺行為に関するやりとり
未成年禁止行為：酒、たばこなどに関するやりとり
違法行為：未成年禁止行為以外の違法な行為に関するやりとり
薬物：薬物利用に関するやりとり
わいせつ：児童ポルノ、わいせつな行為に関するやりとり

使うことを前提に

使うことがもはや当たり前になりつつあるのであれば、使うことを前提にした仕組みが必要であろうというのがフィリーの考え方です。

フィリーは、フィルタリングソフトや機能制限と認識されることがありますが、これは大きな誤

解です。フィルタリングソフトとはその名のとおり、青少年にとって有害であったり、違法な行為・手法を共有したりするWEBサイトやアプリにフィルタをかけ、閲覧や利用を制限するソフトのことです。機能制限とは、カメラや新しいアプリの取得など、スマホが持つ機能そのものを制限するためのアプリや機能の総称です。どちらも利用を制限することで安全を確保するものです。

それに対し、先に挙げたポイント(1)「使える」のとおり、使うことを前提としたフィリーは利用に関して一切制限をかけません。フィリーが行うのは制限ではなく親子の情報共有です。

クローズド環境は危険の温床

スマホが普及する前までは、「ネットパトロール」という対策が主流でした。文字どおりネット上をパトロールすることです。対象範囲は、アクセス可能な人間が限定されていないオープンなWEBサイトに限られます。その中で行われる個人間や特定グループ内でのメッセージのやりとりのほか、LINEやインスタグラムなどのスマホアプリの中で行われるやりとりは、対象とすることができません。現在、子どもたちのコミュニケーション手段はこういった方法に移行しているので、パトロールの対象とすることができないのです。

もちろん、有害サイトやアプリ、不要な機能には制限をかけて子どもたちを守る。この対応は大変重要です。そのうえでやはり、「LINEやツイッターを使いたい」という子どもたちの希望があり、保護者も利用を許可することになるかと思います。そして一度許可してしまうと、その中でのやりとりは外からはまったく窺い知れず、問題が起きても子ども自身が伝えない限り保護者が知ることはできません。

ネット上の危険の温床として、こういった外から見えない、クローズド環境におけるやりとりが問題となっています。ポイント(2)「気づく」は、とくにこのクローズド環境を少しでも周りから見えるようにすることで、問題が起きる前にその予兆に気づく、問題の発生を予測し、未然防止につなげる仕組みとなっているということです。何か事が起きてから発見する早期発見よりも、さらにその前に手を打つための手段です。

東洋医学の分野では、「未病」という言葉があります。それは「未だ病にあらず」を意味しています。病気にはなってはいませんが、「未だ」と表現する以上、そこには病気になることを予期した意味合いを含んでいます。検査値が異常値に近い状態や、気分の優れない状態、つまりは、病気になる一、二歩前のリスクの高まった状態です。この未病を管理することは、有効な健康管理手法、または予防医学の一つと考えられています。

フィリーの未然防止は、まさにこの「未病管理」と同じ考えです。いじめやトラブルには未だなっていないが、その可能性を予期し、リスクが高まった状態を検知します。この状況を把握・管理し、それ以上状況が悪化しないように対応・対策を行うための手段です。

子どもの同意がないと使えない

クローズド環境、つまり外から見えない個人の間、または特定グループ内のやりとりは、「通信の秘密」という概念に守られています。これは、日本国憲法に定められています。

第二十一条

2　検閲は、これをしてはならない。通信の秘密は、これを侵してはならない。

「通信の秘密」は、個人間の通信が他人に知られることなく行われることを保障するもので、基本的人権の表現の自由にあたると考えられています。人権であるため、大人も子どもも関係なく平等に守られなければならないものです。

一般にフィルタリングにおいては保護者の監護権が優先され、その判断によりフィルタリングの適用の可否を決定できます。フィルタリングは、二〇〇九年四月一日に施行された「青少年が安全に安心してインターネットを利用できる環境の整備等に関する法律（青少年インターネット環境整備法）」で定められた、国が推奨する手段であり、この手続きが認められています。

一方、フィリーは新しい仕組みであり、そのように広く一般に受け入れられている仕組みではありません。よって、より確かに子どもの基本的人権を守るため、子ども自身の許可を得るという手続きを必須としています。

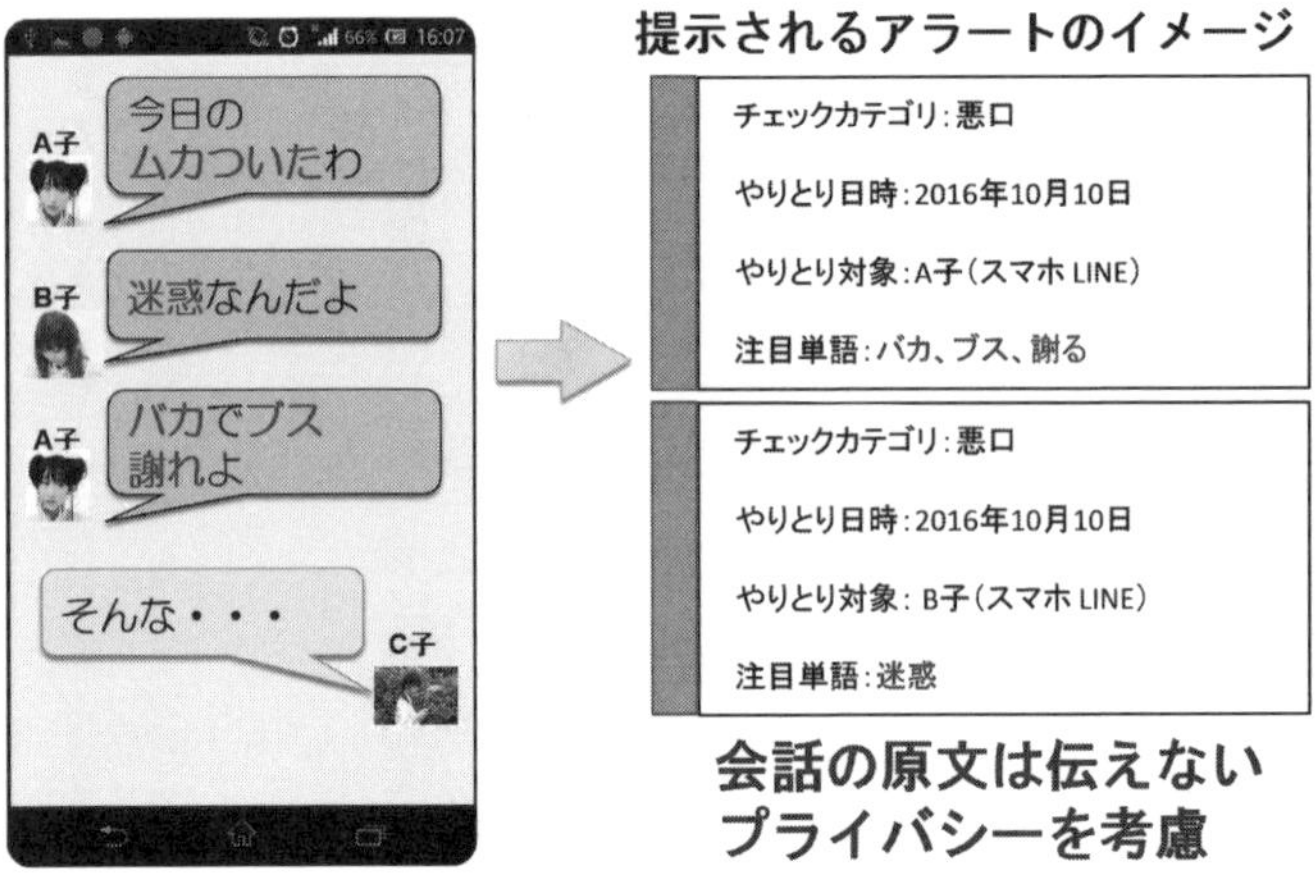

図9-1　アラート機能

（出典）　筆者作成。

フィリーにおけるこの手続きを簡単に説明すると、「自分自身の身を守るために、私の会話は分析してもらって構いません」という許可を、子ども自身から取るということです。こうすることで、これらのやりとりは「秘密ではない」ということになり、分析が可能になるという考えです。厳密には、もう少し細かい説明の提示や、同意の取得方法に制限がありますが、簡単にはこのような手続きです(1)。

ここで、手続きを踏んでいるとはいえ、子どもはこういった仕組みをいやがらないのか、といった質問がよくあります。現ユーザーの分析対象者（子ども側）には、高校生も大学生もいますが、導入割合は低くなります。今まで自由に使っていたこの年代から、突然フィリー導入の同意を得ることは難しいようです。同意可否は、それまでの家庭におけるスマホやネット利用のルール・方針が影響してくると推察されます。中学校一年生くらいまでであれば、「親に守られる」ことに大きな抵抗を感じない子もおり、高い確率で合意が得られているように見受けられます。やはりスマホを持つタイミングと同時にフィリーの導入を家庭のルールのひとつにしてもらうことがスムーズな導入につながると考えています。

一方でサービス提供者としても、導入の心理的ハードルをどのように下げていくかはとても重要な課題です。この対策はフィリーの特徴として組み込まれています。例えば、フィリーでは会話の文章そのままを保護者に伝えることはしません。具体的には図9-1に示すようなアラート機能が挙げられます。危険性のある会話の流れを見つけ出し、その中で使われている語句、会話の流れ、文章の作りなどから、危険度、カテゴリ、会話に参加しているユーザーのID（会話参加者の本名がわかるわけではありません）とともに、注目に値する語句をアラートとして通知するのです。

こうすることで、「毎日LINEやツイッターのやりとりはすべて見せなさい」と言われるよりは、心理的抵抗はずいぶんと下がるのではないかと考えています。

また、保護者だけに情報を提示するとどうしても「監視」という色が濃くなり、子どもたちの心理的抵抗を高めるものと考えます。そこで、アラートだけでなくアクティビティ分析（スマホやア

（1） 通信の秘密に関しては総務省消費者行政第一課が管轄しており、フィリー開発の際には説明をしたうえで通信の秘密の考え方やこれに抵触しない同意取得方法について確認した。

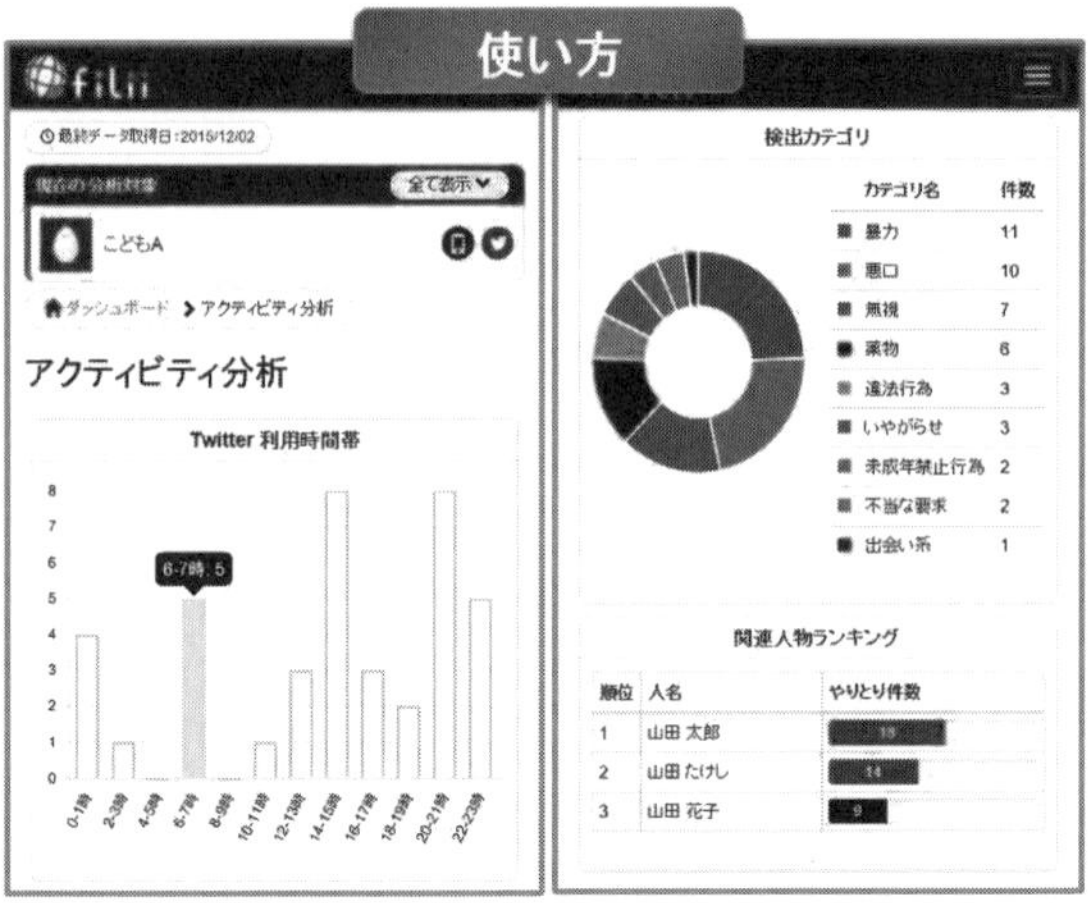

図9-2　フィリーの分析結果

（出典）　筆者作成。

プリ、SNSの利用頻度や傾向を提示）、つながり分析（SNS上の交友関係を提示）などを含めた分析結果については、保護者が見ることができる情報とほぼ同じ情報を子ども自身も見ることができます（図9-2）。これは、子ども自身が危険なやりとりの可能性に気づくという啓発の意味も含めています。

ポイント(3)「親子で」というのは、親子で守る、親子で学ぶということを意味しています。フィリー利用の合意を得るための話し合いをきっかけに、家庭での最初のネット利用に関する話し合いが始まることも多いです。監視ではなく危険情報や利用状況を共有するという考えのもと、親子でネットトラブルへの対処や利用マナー、よりよい使い方を話し合う機会をつくってもらえるのです。情報を共有していくことで、親子でともに危険意識

を高めるという効果があると考えられています。(2)

子どもたちをITシステムで見守ること

ネットやスマホなどのITが重要なコミュニケーション手段を担う現状において、これらと同じ舞台の上で展開できる「システムによる見守り」は、子どもたちを危険から守るうえで重要な役割を持っていると考えています。一方で、システムを利用しただけで子どもの安全が守れるわけではないというのも確かです。

でもどうでしょう。子どものスマホやSNSでの活動を、毎日、逐一確認することができるでしょうか。ひと昔前、ガラケー（フィーチャーフォン：従来の携帯電話）の頃であれば、通話履歴とメールをチェックすれば、携帯電話でやっていることはたいてい把握できました。しかしこれだけIT、とくにネットとそれに接続できる機器が普及し、利用するサービスも多岐にわたってくると、それらをすべてチェックしていくことは実際不可能に近いです。

中高生の使い方を考えると、ツイッターであればタイムライン（子どもが「発言を見る」と設定した相手全員分の発言リスト）は眺めている間にもばらばらと流れていき、一日に数千、数万件の発言

(2) ダイヤモンド・オンライン「SNSでのいじめや犯罪から子どもを守る　親子で使う危険ワードの自動検知アプリ『Filii』」二〇一四年（http://diamond.jp/articles/-/61244）。

が届きます。ＬＩＮＥであれば、一日チェックしなかっただけで参加しているいくつかのグループの未読メッセージが数百件を超えることも起きます。また利用時間は昼夜を問いません。

こういったものを、保護者は毎日チェックできるでしょうか。そして子どもは、それを毎日実施させてくれるでしょうか。フィリーでは、初期設定を行えば、それらをシステムが自動で収集し、分析をかけ、危険なやりとりのみを抽出します。スマホアプリやＳＮＳの利用時間や頻度を集計し、利用状況や傾向を見えるようにします。これらは人手を介さずに、すべてシステムで自動的に行われています。これにより、二四時間三六五日、ほぼリアルタイムにチェックすることが可能になっています。

システムを利用する最大の利点は、この大量データへの対応と、二四時間三六五日の稼働、そしてリアルタイム性であると言えます。こういった仕組みがない場合、子どものネット利用、およびネット上の危険を把握することは、現実的に不可能になってきていると考えられます。システムだけで完璧に守れるということはありませんが、システムが重要な役割を果たすことは間違いないでしょう(3)。

3　塾業界と調査データ

今回のような調査をフィリーと組み合わせ、より効果的に活かせる場はないかと考え、塾業界でも現段階の成果をアプローチに組み込む取り組みをしています。
学習塾団体の関係者は、以下のような二つの課題を感じていました。
① 塾や習い事に通い始めるために携帯機器を持つことに対する、塾側の責任
連絡手段や夜道の安全確保のため、携帯機器を持つことはやむを得ない事情であり、塾や学習塾団体からも所持を推奨した時期がありました。また、塾での教材利用にもスマホ、タブレットなどの機器を利用する機会もあり、スマホを所持したことに起因するトラブルに対し、なんらかの安全施策を講じるべきであろうという考えがありました。
② 学力向上の妨げに
スマホを持つことが、学力向上の妨げになるのではないかという考えです。総務省の「高校生のスマートフォン・アプリ利用とネット依存傾向に関する調査報告書」によると、スマホ利用により最も減った時間（複数回答）は睡眠時間と勉強時間となっており、過度な利用による日常生活への支障が出ています。単純な勉強時間の減少だけでなく日常生活に支障が出るレベルになると、学校

（3） なお、米国においては、セーフティウェブ（SafetyWeb）、ユーノウキッズ（uKnowKids）、ソーシャルシールド（SocialShield）などの名称で提供される、フィリーに近しい機能を持ったサービスがいくつかあり、月額七～一〇ドルといった価格帯で利用されている。スマホやSNSの使い方のデータをまとめあげ、親が確認して管理するといった方法が広く一般に利用されている状況である。

表9-1　小学校高学年・中学校の学力移動とネットいじめ発生率の関係

		中学校1年生の成績		
		上	中	下
小学校高学年の成績	上	6.0%	8.7%	10.5%
	中	16.3%	8.0%	13.0%
	下	23.1%	13.0%	7.2%

（出典）原（2011，111頁）をもとに作成。

授業での学習や放課後の塾での学習効率に影響を及ぼすと考えられます。

学力向上を実現するには、スマホ依存対策は必須であると考え、学習影響に関する情況として本調査と関連するデータをいくつか提供しました。

また、表9－1からは、学力移動、とくに「上昇」により、ネットいじめ発生率が高くなっていることが見て取れます。塾で学力が向上した際に、ネットいじめに遭遇する可能性が高まると考えられるため、塾においてその予防・対策を行う意味が十分にあると考えられます。

さらに、図9－3からは、学力が低いと利用時間が長く、学力が高いと利用時間が短いことが見て取れます。前述の総務省調査のとおり、ネット・スマホ利用時間が長いと自ずと学習・睡眠の時間が削られ、学力に悪影響があることは明らかです。「長時間利用することで学力が下がる」「下がることで利用時間が増える」のどちらが先かはこのデータだけでは判別できませんが、いずれにせよ、スマホを所持したとしても、塾に通うことで確実に学習時間を確保することは、依存やネットいじめとの関わりを減らす意味で有効という言い方はできそう

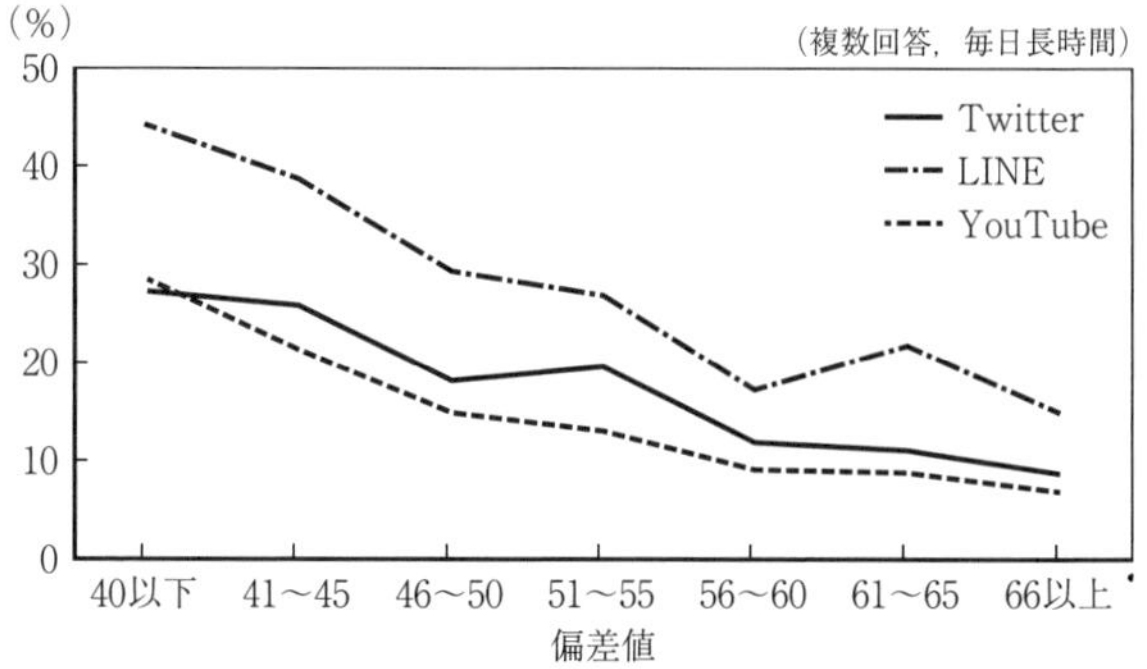

図9-3　高校学力階層別の1日のアプリ利用時間

（出典）　日本教育社会学会68回大会発表資料。

です。

学習塾団体の「所持＝トラブル」「所持＝学力低下」というシンプルな認識に対し、データを見ることで、トラブルにつながるのは学力の変化も関係していること、学力低下と利用時間が関係しているため、時間の使い方次第では所持が即低下につながるわけではないことなど、学習塾団体側に認識を深めてもらうことができました。

こうして塾業界でも、トラブルへの対応策としてフィリーを導入することで未然防止に効果が期待できるという認識に至り、二〇一七年四月一日より「学習塾協会推奨製品」「学習塾組合推奨製品」に認定されました。とくに、学力低下と、学力移動によるトラブルの発生をどのように未然防止していくか、塾業界とともに取り組んで参ります。

4 今後の展開

フィリーへの要望、期待は日々多くの方々から届いていますが、その中で発展の方向性の指針となる意見を挙げておきます。

一つめは、学校などで実施される啓発講演のような内容を、フィリーの中でも提示してほしいという要望です。これに対し、フィリーの中で広く情報提供として、学習コンテンツや診断コンテンツを提供していくことを進めています。直近では、総務省のまとめるＩＬＡＳ（Internet Literacy Assessment indicator for Students／青少年がインターネットを安全に安心して活用するためのリテラシー指標）をベースとした、「安心協ＩＬＡＳテスト」をフィリーに組み込み、フィリー内で子どもたちと保護者両方の脆弱性診断が可能となっています。このほかにも子どもセキュリティーメディア「つながる世界の歩き方」（https://tsunaseka.jp）との連携を行い、日々最新の情報を提供しています。

二つめは、問題があった場合にどのように行動したらよいか、その具体的な方法や対応を提示してほしいという要望です。弊社のみでこの具体的な対応を行うことは難しいところがあるため、外部機関や別のサービスとの連携でこの対応・対策を準備しています。

例えば、ＳＮＳ相談やネットトラブル相談を提供する事業者と協力し、依存や人間関係の悩み、ネットトラブルへの対応などを相談できるサービスとの連携を進めています。

このように、フィリーは「啓発＋ツール＋対応・対策」といったトータルソリューションを求められています。そしてそれに応えるべく、さまざまな機能やサービス連携を進め、フィリーを、いじめやネットトラブルを未然防止するためのトータルサービスへと発展させていきたいと考えています。そのためにも、今回の大規模調査の成果は大いに役立つものとなるでしょう。

Ⅳ　いじめをめぐる論点

第10章　「いじり」と「いじめ」のあいだ
──現代思春期の友人関係をめぐる光と影

〈講演〉土井隆義

──拡張現実化するネットの世界

早速ですが、この本の表紙をご覧ください（図10－1）。『りはめより一〇〇倍恐ろしい』。木堂椎《こどうしい》さんという方が書かれた本で、ケータイを使って親指で書いたということで話題になりました。第一回野性時代青春文学大賞もとっています。「りはめより」というのは、「いじりはいじめより」という意味です。一般には「いじめ」より「いじり」のほうが軽く見えるけれども、じつは「いじめ」より「いじり」のほうがつらいというのがこの本の趣旨です。

この本のタイトルに象徴されるように、近年の「いじめ」の中身は大きく変貌しています。いわゆる殴ったり蹴ったりという身体系よりもコミュニケーション操作系のものが目立つ。新聞の報道を見てもそうですが、日本の「いじめ」というのは、諸外国のそれとは異なって、仲間はずれのようなコミュニケーション操作系が多いのです。

「ネットいじめ」が広がっている理由もここにあります。とくに近年は、中高生にとってネットは、学校生活を円滑に送るうえでのライフラインにすらなっているので、日々の営みと切っても切れない状態にあります。そこで今日は、このネット利用の観点からいじめ問題について考えていきたいと思います。

こちらをご覧ください（図10－2）。ネット以外に自分の居場所があるという子どもとないという子どもで、スマホの使用時間がどう違うかを調べたものです。ネット以外には自分の居場所がない、す

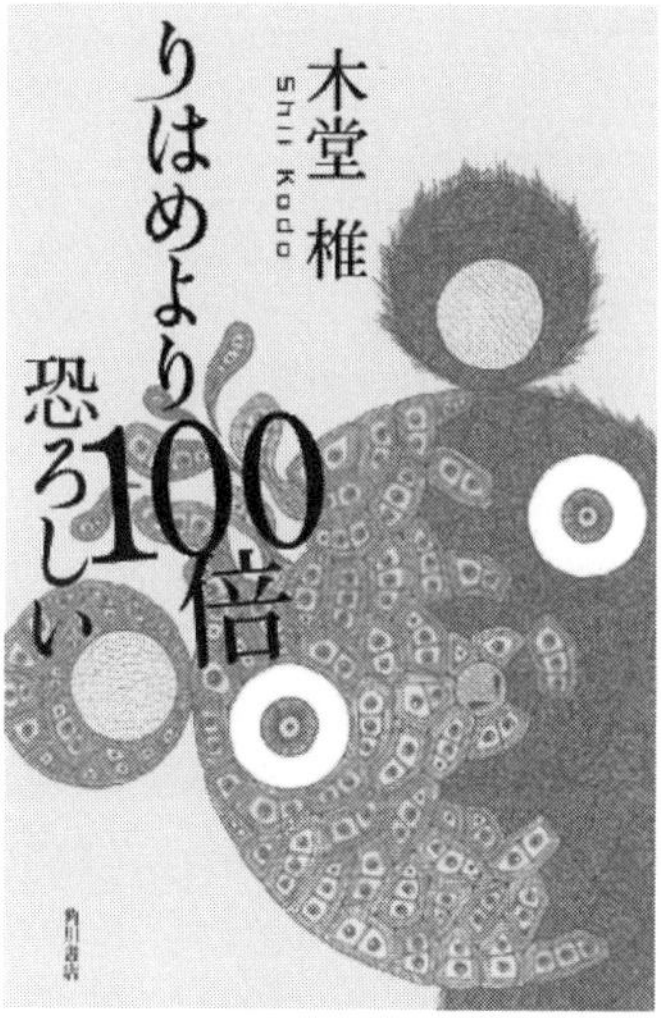

図10－1　木堂椎『りはめより100倍恐ろしい』（角川書店, 2006年）

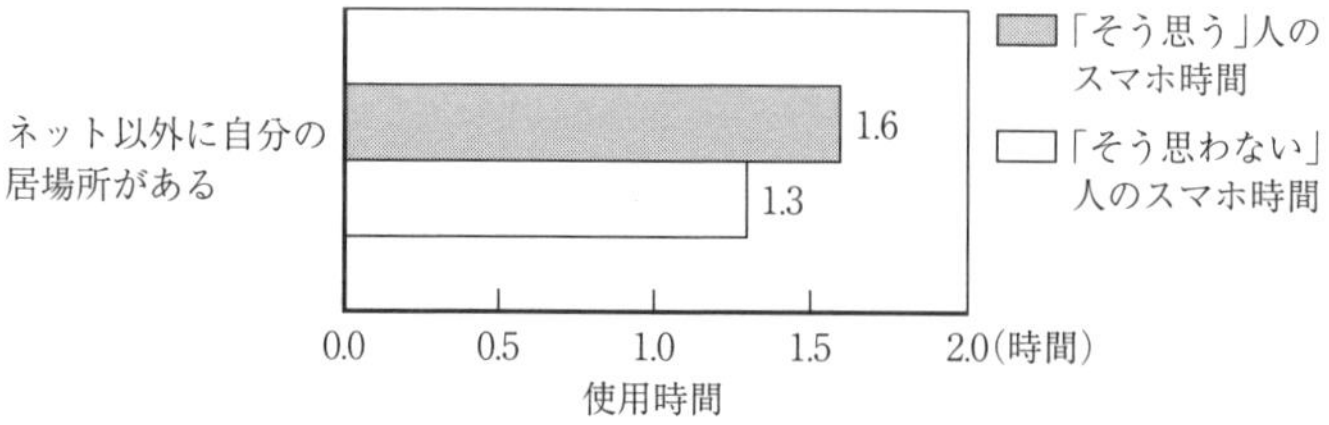

図10－2　スマートフォンの使用時間とネット以外の居場所

（出典）子どもとメディア（2013）「いじめ・不登校とメディア依存に関する調査」をもとに作成。

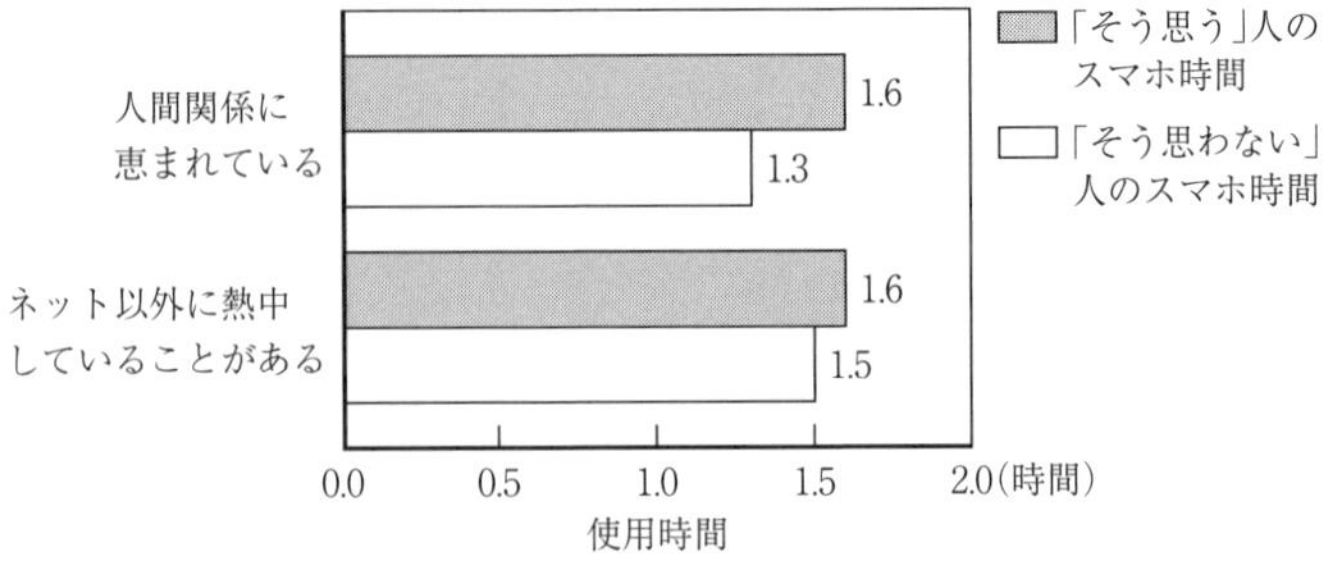

図10－3　スマートフォンの使用時間とリアルの充実度

（出典）子どもとメディア（2013）「いじめ・不登校とメディア依存に関する調査」をもとに作成。

なわちネットにしか居場所がないという子どものほうが、スマホの利用時間は長いだろうと私たち大人は考えがちです。しかし実際は、ネット以外にも自分の居場所があるという子どものほうが、スマホの利用時間も長い傾向があるのです。また、それと類似していますが、自分は人間関係に恵まれているという子どものほうがスマホの利用時間は長く、ネット以外にも熱中していることがあるという子どものほうがやはり長い傾向が見られます（図10－3）。つまり、リアルな世界とネットの世界は、いまや別の世界ではなくなってきているのです。

エッシャーというオランダの版画家の作品に、《昼と夜》という有名な騙し絵があります。どこまでが昼でどこからが夜なのか、いつのまにか図と地が反転しているので見分けがつきません。いまのネットの世界も、こういう状況になっていて、リアルの世界とつながっているのです。ネットの世界だからといって、それが仮想現実をつくっているわけではなく、むしろリアルの世界と地つながりになった拡張現実をな

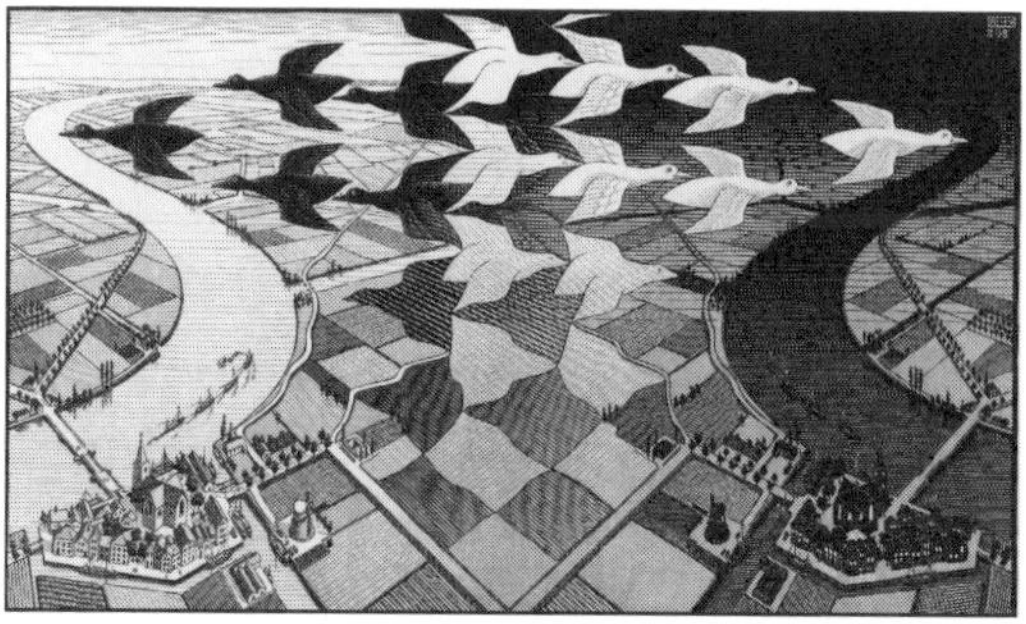

図10－4　エッシャー《昼と夜》1938年

（出典）イスラエル博物館。

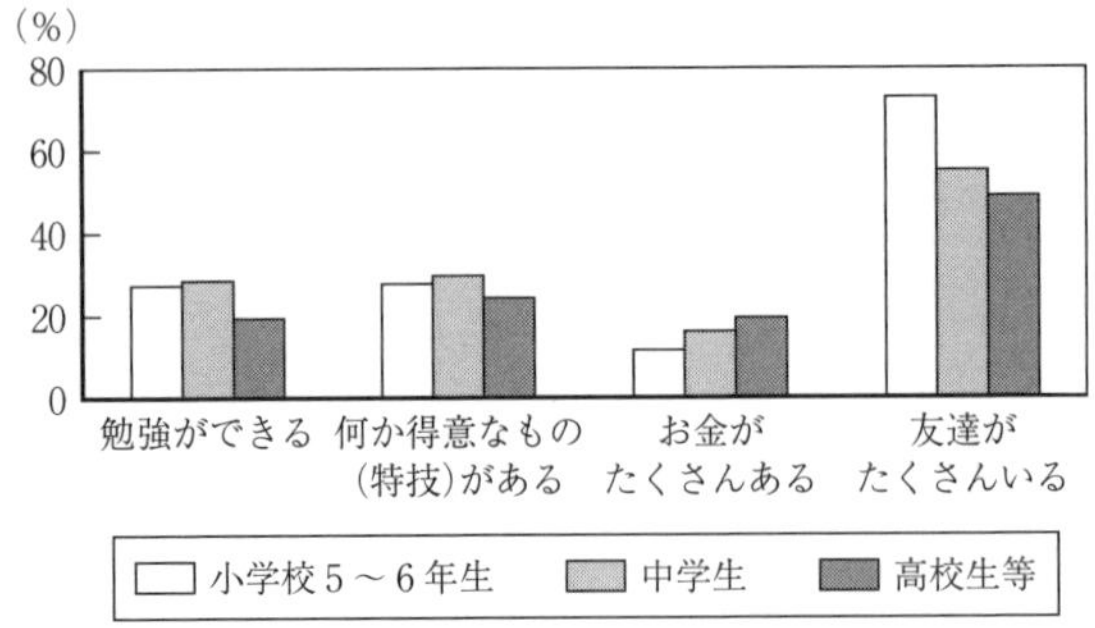

図10-5　大切だと思うこと（平成21年）

（出典）　内閣府（2013）『平成25年版子ども・若者白書』71頁。

しているのです。

では、この二つの世界をつなげているものは何でしょうか。それを考えるのに格好のデータがこれです（図10-5）。「大切だと思うことは何ですか」。小学生、中学生、高校生、いずれもいちばん多いのは「友達がたくさんいる」ことです。つまり人間関係です。この人間関係の比重の高さは、裏を返してみれば、それだけ同調圧力が強まってきているということでもあると言えます。この同調圧力を中心に据えながら、今日は話を進めていきたいと思います。では、これからお話をする内容です。

まず第一点目は、ボーダレス化という現象です。ネットとリアルはボーダレス化していますし、またリアルな世界の中での人間関係もまた昔と違っていまはボーダレス化が進んできています。この二つの意味で、ボーダレス化という現象について整理しておきたいと思います。第二に、そのボーダレス化した人間関係が、具体的にどういうかたちで現れてきているのか、これを内閉化という視点から眺めていきたいと思います。第三に、このリアルな人間関係が、ではネット上の人間関係にどのような影響を与えているのか、これをキャラ的な関係の純粋化という観点から考えてみたいと思います。具体的には、そのような関係がもたらす代替不安の広がりについて考え、第四にその代替不安から生ずる関係病理として、いじめ問題を見つめ直してみたいと思います。そして第五に、そういった状況に対して、私たちはどのように向き合っていったらいいのかを考えます。これからこの五つの観点でお話を進めていこうと思います。

――人間関係の流動化と不安の高まり

まず第一点目のボーダレス化の問題から入っていきましょう。いま、ネットの話をしましたので、そこから話を進めていきたいと思います。

ケータイやスマホの利用時間を年齢別に調べてみると、年齢が上がるにつれてだんだんと利用時間が増えていく傾向にあります（図10-6）。これはしごく当たり前のことですね。しかし、グラフをよく見てみると、単調に増えているわけではなく、いくつか小さな山があることに気づきます。まず、一六歳に一つの山があります。また、一三歳にも同様に山があります。察しのいい人はその理由がすぐにわかったことでしょう。一六歳は、子どもたちが高校デビューをする年齢であり、一三歳は、彼らが中学デビューをする年齢です。まだ学校での友人関係が固まっておらず、非常に流

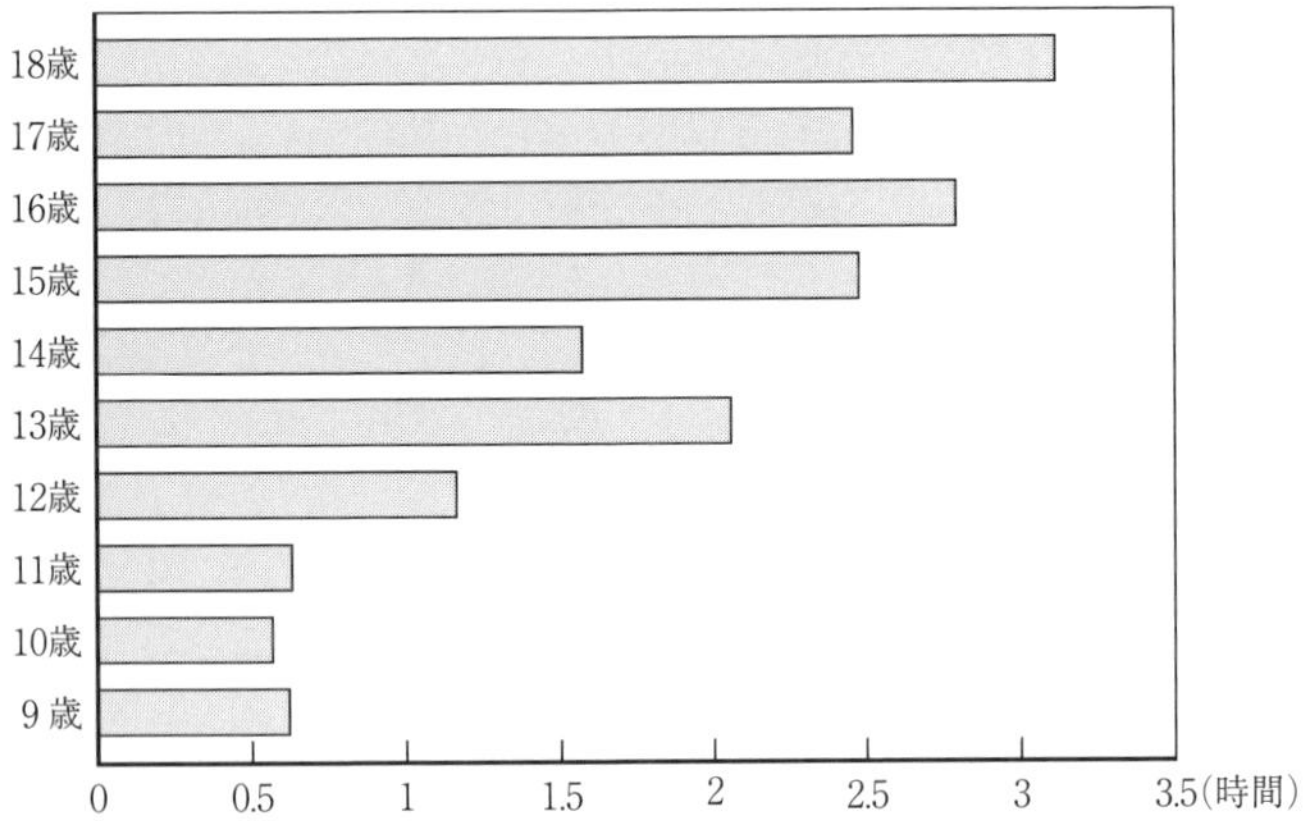

図10-6　ケータイとスマートフォンの使用時間（1日平均）

（出典）　子どもとメディア（2013）「いじめ・不登校とメディア依存に関する調査」をもとに作成。

動的な時期です。だから彼らは、この飛び道具を熱心に使って友達獲得競争に励んでいるのです。そのような観点から眺めてみれば、この流動性という現象は、なにも一三歳と一六歳だけの特徴ではなく、近年の日本の社会の一般的な特徴であるとも言えることに気づきます。

友達の人数を調べた調査を見てみましょう（図10-7）。二〇〇二年の時点ではこのような分布を描いていました（図の上）。いちばん多いのは左から三つ目、一一人から二〇人ですね。ここをピークにして山なりになっていたのがわかります。それが一〇年後にどうなったかというと、このように山が崩れてきているのがわかります（図の下）。平べったくなってきているのです。それだけ散らばりが激しくなっているということです。この散らばりの程度を変動係数を使って比べてみると、二〇〇二年では〇・七

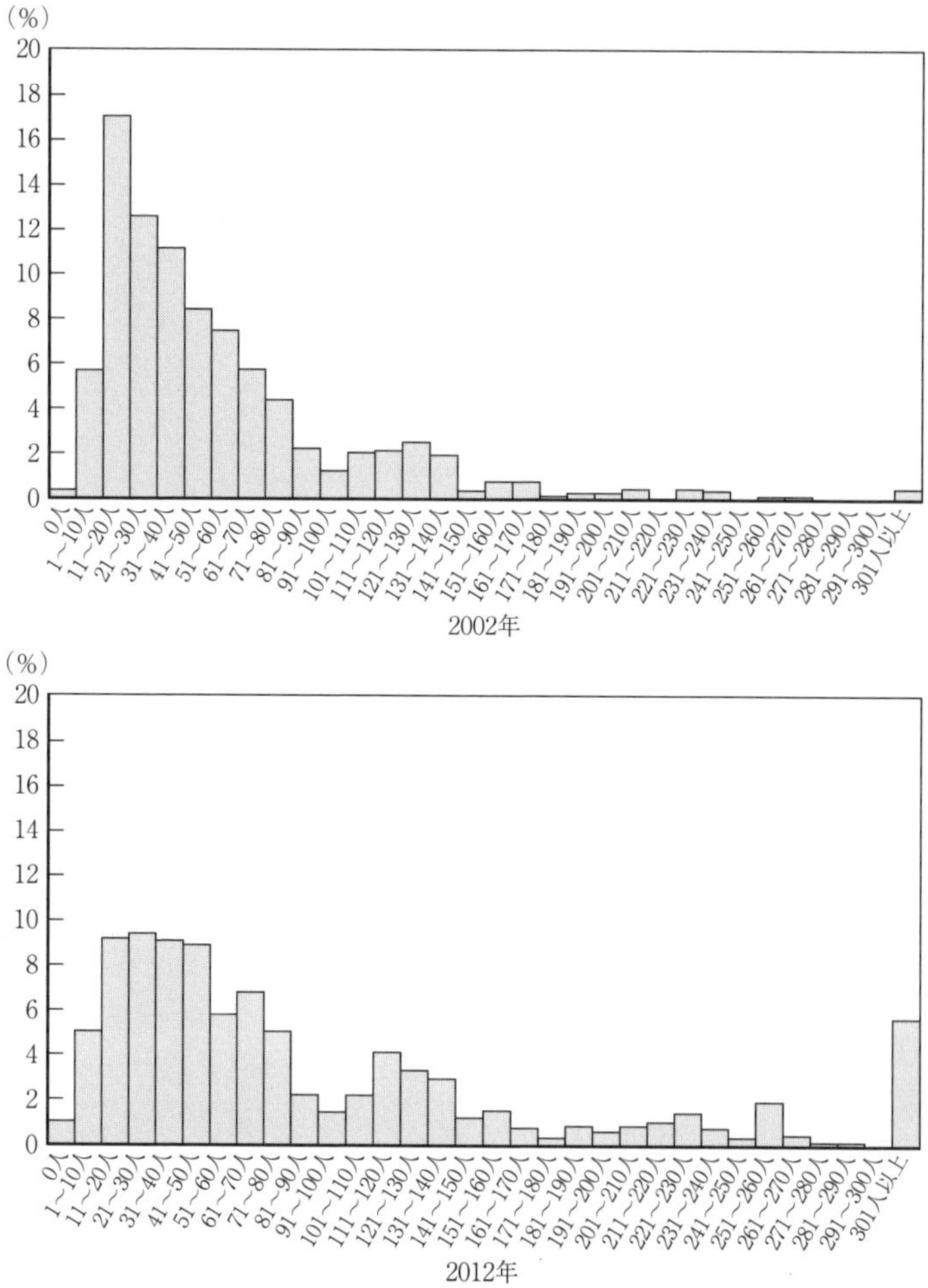

図10－7　友達の人数の変化

（出典）　青少年研究会「都市在住の若者の行動と意識調査」をもとに作成。

八でしたが、一〇年後には一・五四になっています。簡単に言えば、友達の多い子と少ない子の差が激しくなってきたのです。

では、なぜ差が激しくなってきたのでしょうか。その背景を知るために、この調査ではこういうことも聞いています。「あなたはたくさん友達ができるように心がけていますか」。その強さを五段階評価で聞いて、いま示した友人の数との相関を求めてみると、両者には相関があることがわかります。心がけが強い者ほど友人の数が多い傾向にあるのは当然のことなのですが、しかしこの一〇年間で、その相関がさらに強くなってきているのです。二〇〇二年の時点での相関係数を求めてみると〇・一四でしたが、近年はそれが〇・二二になっているのです。

さて、これをどう解釈するかです。このように考えてみましょう。友人関係とは、いまお話しした個人の心がけのような個人的要因と、それから制度的要因、とくに学齢期の場合にはクラスや部活等でどういう人と一緒になったのか、この二つの要因で決まってくると考えられます。ここで個人的要因の比重が高まっているということは、それだけ相対的に制度的要因の比重が低くなっていることを物語っていると言えます。これが人間関係の流動化ということです。つまり、既成の組織や制度によって人間関係が、昔ほどきつくは縛られなくなってきたということです。もちろんまったく縛られないわけではありませんが、しかし往年と比較すると、かなり弱まっていると言ってよいでしょう。

すると、この流動化の高まりには光の面と影の面があることに気づきます。既成の組織や制度に人間関係が縛られなくなってきたわけですから、それだけ不本意な人間関係を周囲から強制される

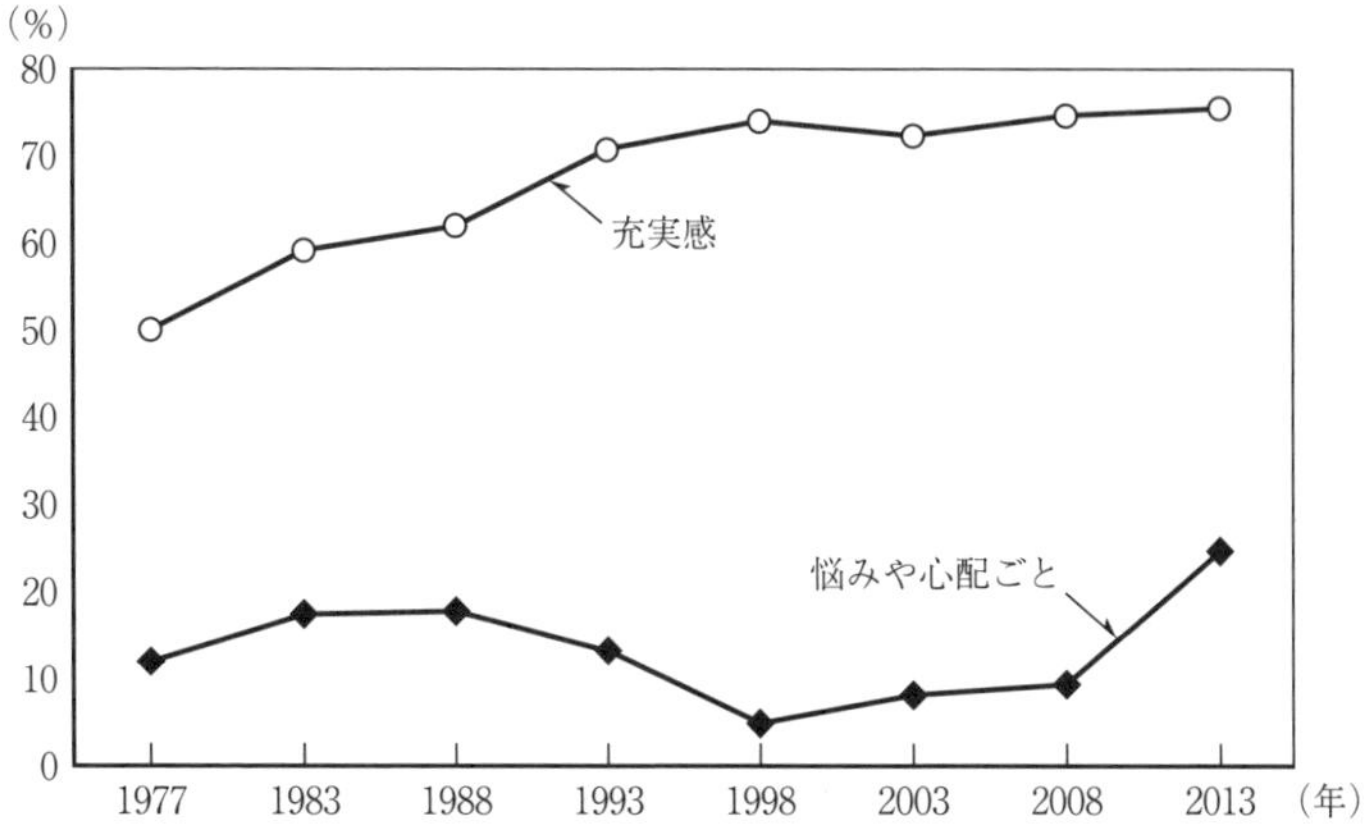

図10－8　友人や仲間との関係について感じること

（出典）　内閣府「世界青年意識調査」をもとに作成。

ことが減ってきたと言えます。しかしそれは、裏を返すと、クラスとか部活といった制度が、人間関係を保証してくれる共通の基盤ではなくなってきたことをも意味しています。では、お互いが友達であることの基盤はどこにあるのか。それは、お互いの気持ちにしか残ってこないことになります。

したがって、流動化が進むにつれて人間関係の自由度は増していく一方で、それは不安定さを増していくことにもなります。こういう状況の中で、いまの中学生や高校生たちは、ネット機器を駆使することで人間関係のマネージメントをしようとしているのです。

今日の人間関係のこのような二面性は、内閣府が行っている意識調査にも現れています（図10－8）。一九七〇年代から今日に至るまで、友人や仲間といるときに充実感を覚えるという若者はだんだんと増えてきています。理由はいろいろあるでしょうが、不本意な人間関係を組織や制度に強制されなくなったという面も大きいでしょう。これを流動化の光の面と捉えるなら、この調査には影の面も示されています。悩みや心配ごとは友人や仲間とのことという回答が、一九九〇年代までは減っていたのですが、そこで底を打った後、反転して増え始めているのです。友人や仲間のことに対して充実度は上がっているのですから、そこに悩みや心配ごとを感じることが減ってきたのはわかります。ではそれが増え始めたのはなぜでしょうか。

ここで考えるべきなのが、関係の自由度の高まりは、同時に不安定度の高まりをも意味するという事実です。人間関係の流動化が進んでくると、悩みや心配ごとの質は変わってくることになります。不本意な人間関係を強制されなくなるため、その不満感は減ってきます。しかしその裏では、だんだんと不安感が募っていくことになるのです。悩みや心配ごとの中には、この不満の要素と不安の要素の両方がありますから、アンケートをとるとこのようなV字カーブを描くと考えることができます。そういう観点から改めてグラフを眺めてみると、たしかに人間関係に対する充実感は上がり続けているものの、ちょうど不安の上昇分が不満の減少分を上回ってしまうあたりから、その上がり方が鈍くなっていることに気づきます。

では、この分水嶺にあたるころにいったい何があったのでしょうか。まず、一般的に言われているることです。日本で携帯電話の普及率が五〇%を越えるのは、二〇〇〇年代に入ってからです。この道具が登場してきたおかげで、子どもたちが人間関係に大きな不安をかかえるようになってきたとよく言われます。たしかにそういう面もあることは否定できないでしょう。しかし、冒頭にお話したように、ネットの世界とリアルの世界はもう別のものではなくなっており、子どもたちはむしろリアルな世界での人間関係をマネージメントするためにこそ、ネットを駆使しているのです。だとしたら、そもそものリアルな世界の人間関係のありようがどのように変わってきたのかを改めて考えてみる必要があるでしょう。そのような観点に立って、二つ目のトピックへと話を進めていきたいと思います。

――内閉化した世界のコミュニケーション

よしながふみさんの『フラワー・オブ・ライフ』というコミック作品の中にこんなセリフがあります。高校生たちが中学時代を思い出しながら会話をしている場面です。「休み時間一人で本読んでる子見ると度胸あるなあって思ったわよ」。一人で本を読むのは、とても度胸のある行為だと認識されている。なぜなら、一人で本を読んでいると、「あの子、ぼっちだ」とまわりから後ろ指を指されないだろうかと不安感が募るからです。そういう恐怖感があるから、じつはほんとうは一人でいたくてもなかなか一人でいられないという状況が増えてきている。ただ、この場面の後半ではこういうセリフもあります。「まあでも中三の終わりくらいにはもーいーやと思って本読んじゃったけどね」。おわかりのように、多くの公立の場合には、中学校から高校に上がる段階でほぼ人間関係が入れ替わっていくので、もうあまりまわりの目は気にしないでも済むようになってくるということです。つまり、一人でいられないのは好き好んでのことではなく、まわりの目が気になっているからだということです。

学校は、一般社会よりも生活空間が閉じています。例えば、京都駅の駅前に一人で立っていてもまったく目立ちません。人はどんどん入れ替わっていくからです。しかし、学校ではそうはいかない。少なくとも一年間は、三〇～四〇人の同じ集団の中で過ごすわけですから、その中で孤立すると、一般社会よりもはるかに目立ちやすい。つまり、人間関係の流動化と、それに伴うリスクの感覚は、学校の中でのほうが強まりやすいということです。しかも近年は、子どもたちの居場所が、学校、塾、家庭という三角形の中に囲い込まれる傾向が強まっています。すると、いま自分の居場所はもうこのトライアングルの中にしかない、ここから外れてしまうと、もう自分の居場所はどこにもない、そういう不安感がさらに強力に募っていくことになるのです。

さて、このときに登場してきたのが、ケータイやスマホといったネット機器でした。それで世のお父さん、お母さんたちは、恐怖におののきました。せっかくわが子を、学校、塾、家庭という自分の目の届く範囲に、つまり安全圏へ囲い込んで安心していたのに、この道具のおかげで、わが子が自分の目の届かないところに行ってしまうかもしれない。そういった不安感が募ってきたのです。典型的には出会い系サイトのような問題ですね。たしかにこういったネット機器は、多様な人間が時間と空間の制約を越えてつながることができる道具です。しかし考えてみれば、この道具は同時

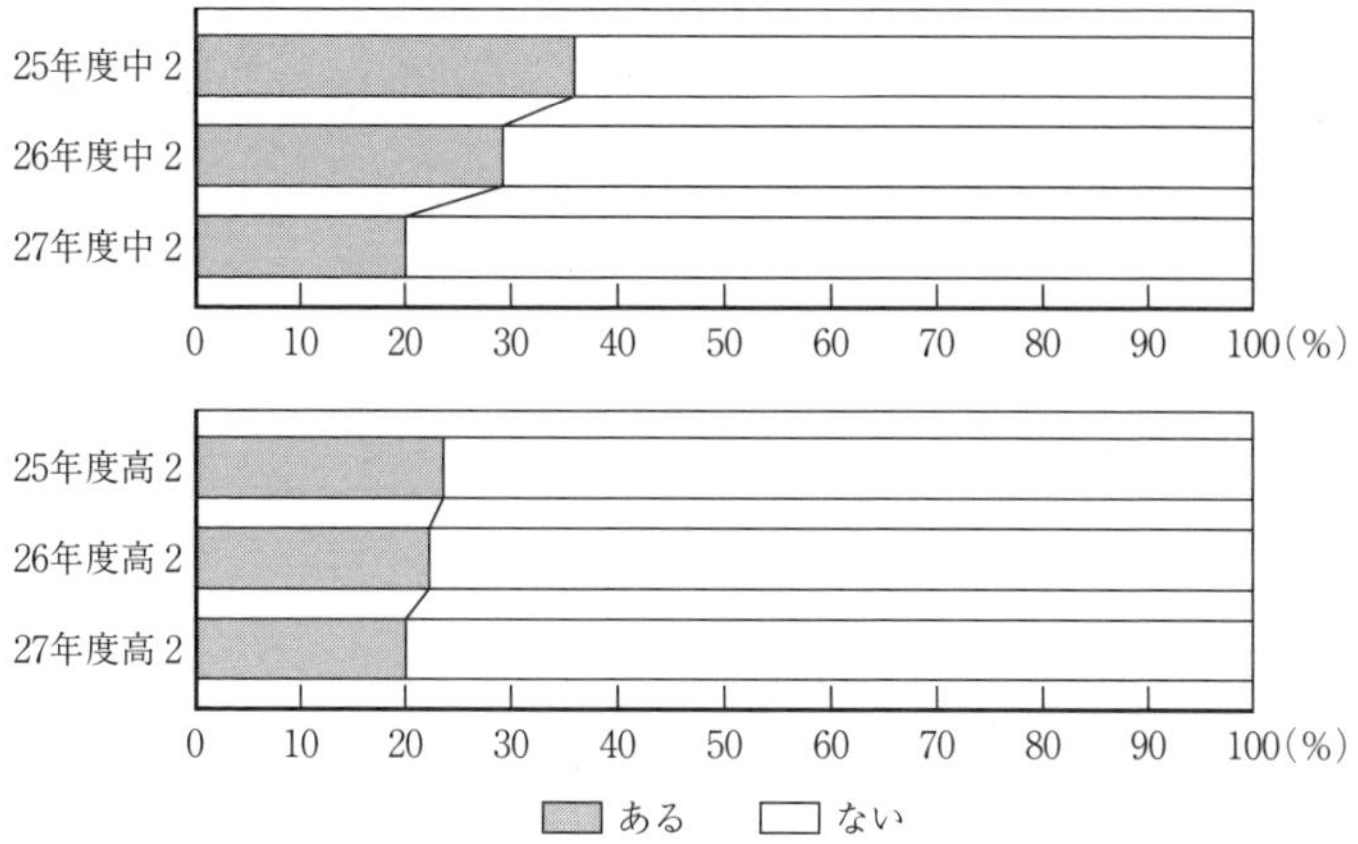

図10－9　会ったことのない人とLINEで親しくなったこと

（出典）　柏市学校警察連絡協議会「生活実態調査アンケート」をもとに作成。

に、仲間内だけで時間と空間の制約を越えて常時接続しうる道具でもあるわけです。そして、近年の子どもたちのネットの使い方は、むしろこの後者の使い方のほうが主流になってきているのです。

例えば、コミュニケーションアプリで使用頻度が高いＬＩＮＥについて見てみましょう。ＬＩＮＥを使用している中学生や高校生は急激に増えました。そもそもＬＩＮＥは閉じた人間関係でのマネージメントツールですが、ＩＤ交換等をすることで、見知らぬ他者ともつながることができます。そのため、出会い系サイトが規制されていく中でその代替ツールとしても使われ、そこで子どもが被害にあうトラブルが増えたとよく言われてきました。しかし近年、このＬＩＮＥを通じて、会ったことのない人と親しくなったことがあるという中学生や高校生は、じつは減っています（図10－9）。ＬＩＮＥに限定せず、ネット一般につ

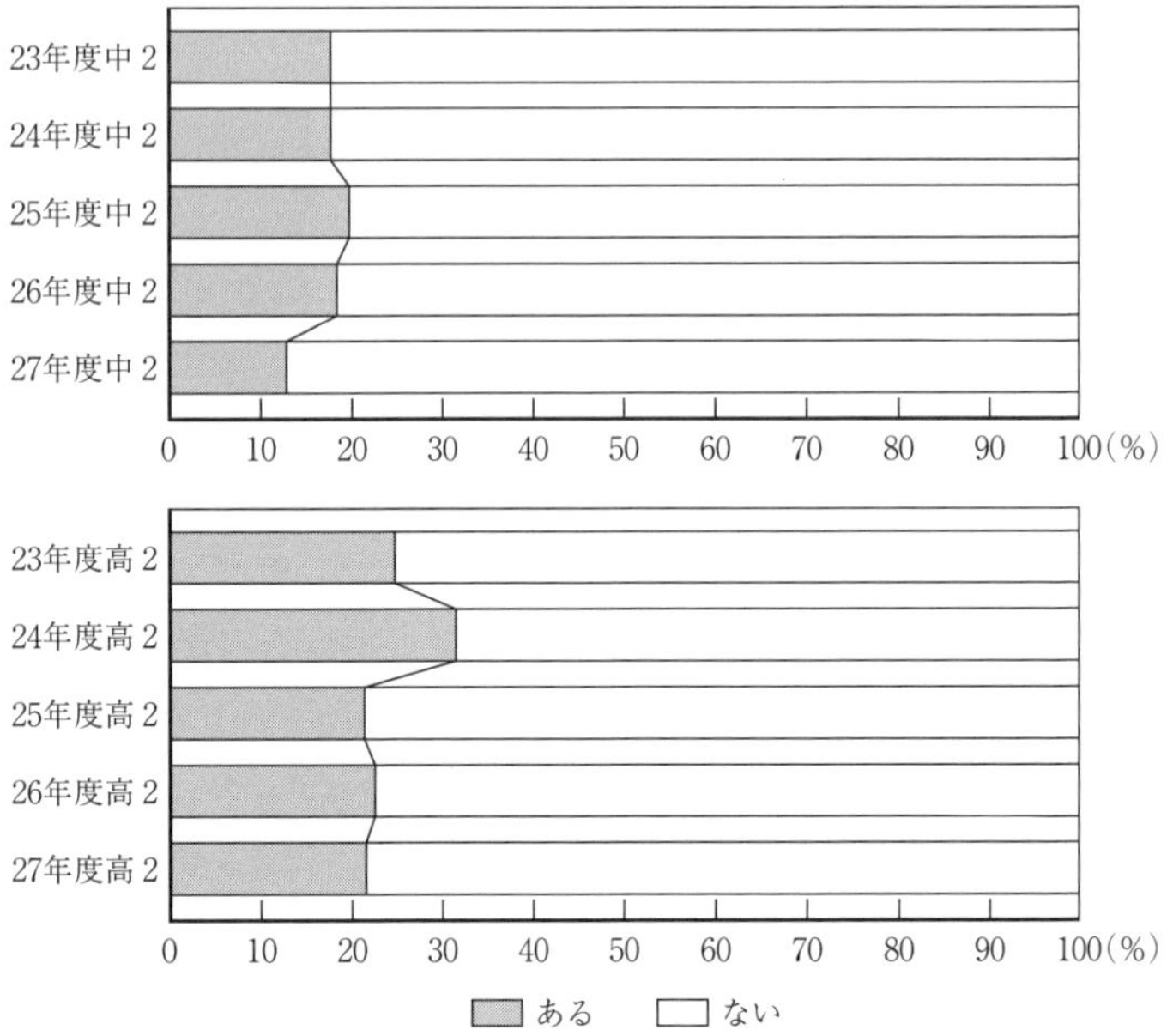

図10－10　会ったことのない人とネットで親しくなったこと

（出典）　柏市学校警察連絡協議会「生活実態調査アンケート」をもとに作成。

いても同じことが言えます（図10－10）。つまり、こういったネット機器は、もはや新しい出会いのツールではなく、日々のリアルな仲間内の人間関係をマネージメントするツールという側面のほうがむしろ強くなってきているということです。リアルな人間関係のありようが、ネットのありようにも大きな影響を与えているのです。

　さて、そのリアルな人間関係の紡ぎ方には、いまある特徴が見られるようになってきています。それは関係の使い分けと関係の住み分けという事態の進行です。ある象徴的な言葉を紹介

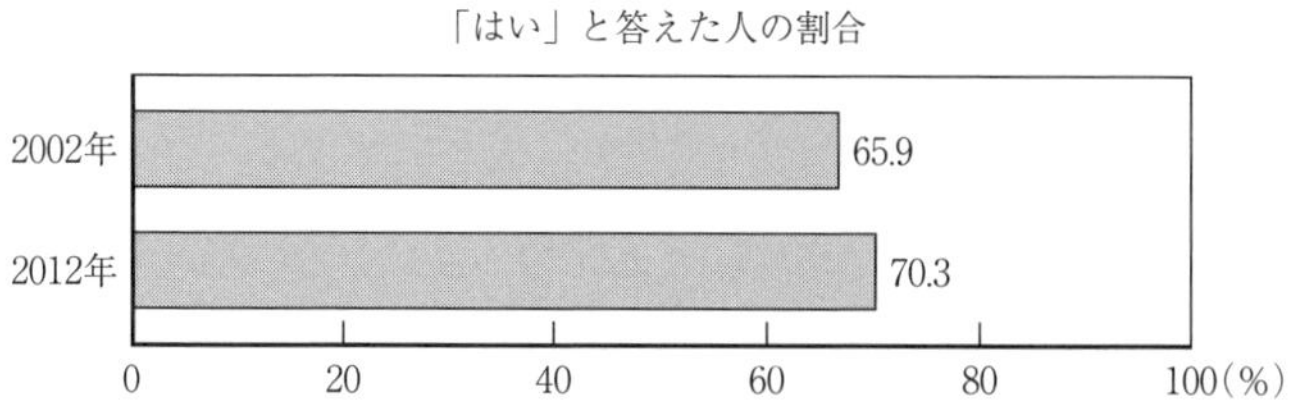

図10－11　遊ぶ内容によって，一緒に遊ぶ友達を使い分けている

（出典）　辻泉（2013）「現代青少年の文化と意識（3）友人関係の変容」日本社会学会大会報告。

しましょう。これは高二の女子の言葉です。「友達を使い分けています。一緒に勉強する友達、将来の話をする友達、校外活動をともにする友達、局面に応じて最適の友達を選んでいる。いやな人は切ってしまう」（『朝日新聞』二〇一三年五月二日付朝刊）。このような傾向は、この子だけの特徴ではなく、調査結果にも表れています（図10－11）。遊ぶ内容によって一緒に遊ぶ友達を使い分けているという若者は、いまこのように増えつつあるのです。つまり、関係の使い分けが進んできているということです。では、それだけ人間関係の輪が広がっていると言ってよいのでしょうか。

もう一つの言葉を紹介しましょう。これは高三の男子の言葉です。「友達とは上手に付き合いたい。共感するならシェアするけど、気が合わなければ付き合わなければいい。ケンカはしたくない」（『朝日新聞』二〇一三年五月二日付朝刊）。ケンカをするくらいだったら、最初から付き合わなければいいということです。そうすると、なるべく自分と同じような価値観、同じような生活環境、境遇を抱えた人とだけで関係をつくっておいたほうが、共感し合えるので安心だということになります。こうして、じつは友人をつくる行動範囲が

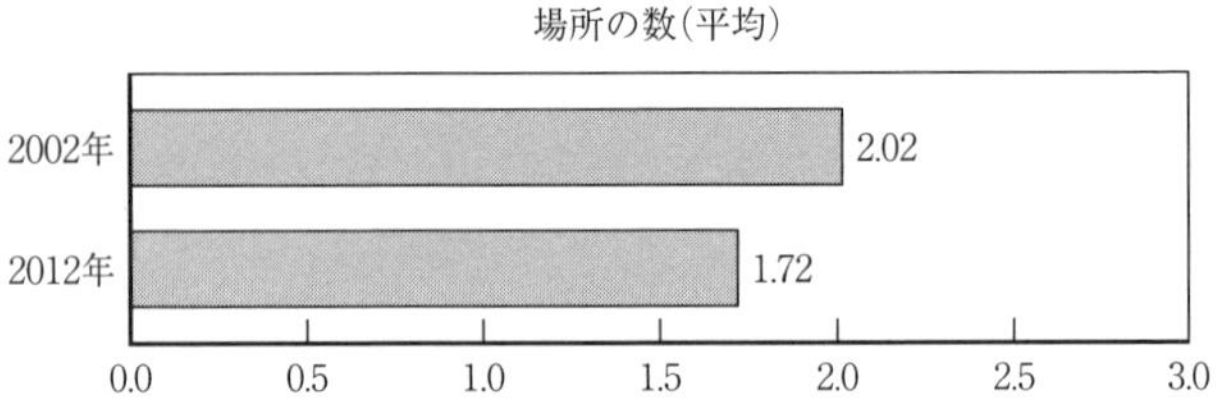

図10－12　友人と知り合った場所の数

（出典）　辻泉（2013）「現代青少年の文化と意識（３）友人関係の変容」日本社会学会大会報告。

狭くなってきているのです。それは、この調査にも表れています（図10－12）。友人と知り合った場所、例えばクラスとか部活とかゲームセンターとか塾とか近隣とか、その場所を聞いて平均値を比較したものです。じつは、近年のそれは減っているのです。つまり、行動範囲はむしろ狭くなってきているのです。

このように、人間関係の流動性が高まっていく中で、むしろそうであるからこそ、お互いに関係を分断化し、その中で同質化することによって、少しでも安定した友人関係を紡ごうとする傾向が強まるようになってきているのです。これを学校の中で考えてみましょう。昨今の子どもたちは、同質的な者同士で人間関係を築くことで、休み時間に一人になってしまうかもしれないリスクをお互いにヘッジしようとします。こうしてつくられたグループが、「イツメン」と呼ばれるものです。「いつも一緒のメンバー」といった意味ですね。

私たちは、イツメンと聞くと、いつも一緒のメンバーなのだから、きっとそれは親友なのだろうと思い込みがちです。もちろん、イツメンの中に親友を見つけられたラッキーな子どももいないわけではありません。しかしイツメンだからといって、必ずしもそれが親友であるとは限りません。なぜなら、いま申し上げたように、イツメンとはリスクヘッジの手段だからです。言ってみれば、これは保険なのです。学校で、お互いにぼっちにならないために、保険をお互いに掛け合っているわけです。保険には掛け金が必要です。ではイツメンという保険の掛け金は何でしょうか。それは、お互いに配慮し合うことです。例えば、特定の子だけと仲良くなって抜け駆けをするのはまずい。これはご法度です。イツメンの中では、いわば等距離外交を行って、みんなと等しく仲良くなっていなければなりません。そうやって保険を維持していかないといけないのです。

「君たちってイツメン同士だよね。とても仲良しに見えるから、きっと卒業してもこの関係は続くんだろうね」などと聞いてみると、「いや、もう勘弁してよ」と言われたりします。これだけ気を使い合ってきたんだから、卒業したらもういいでしょ、というわけです。こうして、お互いに、この保険を保つために非常に気を使い合っているのです。そして、そのためのツールとして、昨今ではネット機器が駆使されているのです。つまり、イツメンとの関係が、学校の中だけでは終わらない。帰宅しても、寝る時間になっても、延々と続くことになります。だから、彼らは片時もネット機器を手放せないのです。それをおろそかにしたら、翌日の学校での人間関係に大きな支障が出るからです。

こうして、友人との付き合い方もだんだんと変わってきました（図10－13）。お互いに保険を掛け合っているわけですから、そこで衝突をしてはまずい。あっさりとして深入りしない関係が増えて

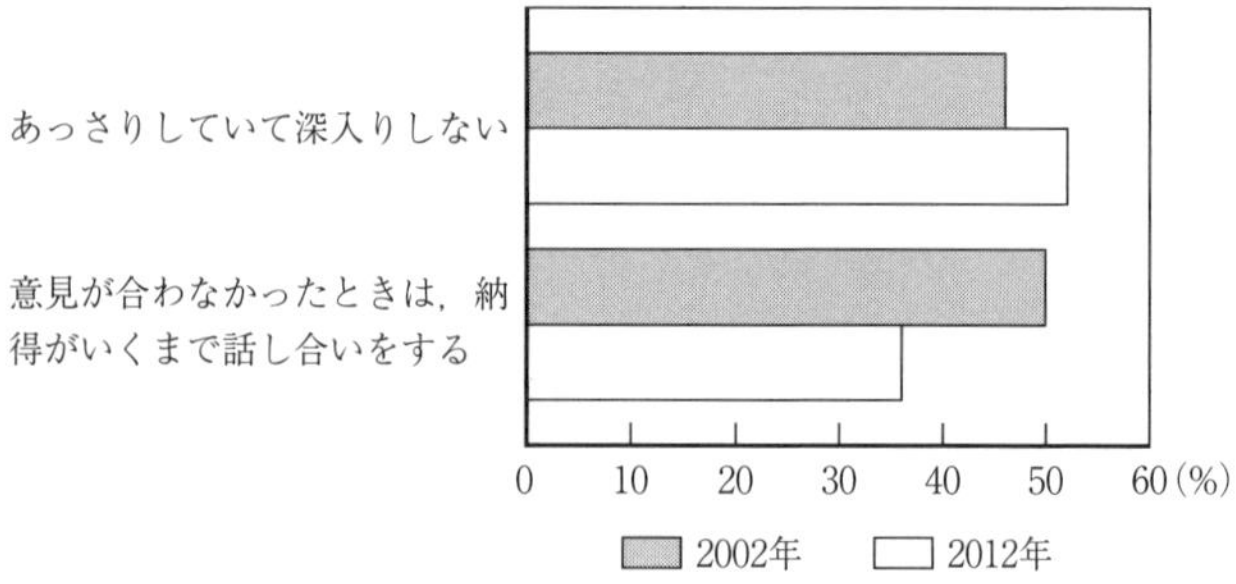

図10－13　友達との付きあい方（16～29歳）

（出典）青少年研究会「都市在住の若者の行動と意識調査」をもとに作成。

きます。したがって、意見が合わなかったときには、納得がいくまで話し合いをしてはまずい。そこで対立点が顕在化するとしこりが残ってしまうことになるので、なるべくそういう状況は避けようとするようになります。そもそも、かつてのように組織や制度によって人間関係が保障されているわけではないので、たとえいま衝突しても、どうせまた明日も一緒になるのだろうとは思われにくくなっているのです。いま衝突したら、明日になってもずっと別々のままかもしれないと感じられやすくなっているのです。

——予定調和の世界に広がる代替不安

このように見てくると、イツメンの人間関係とは、たとえるとジグソーパズルのようなものだと言ってもよいでしょう。ジグソーパズルは、一つひとつのピースのかたちは全部違いますが、でもあらかじめ全部決まっています。だから私たちは、安心してこのパズルに取り組むことができます。根気よく組み合わせていけば、必ず絵は完成するはずだからです。つまり、これは予定調和の世界と言えます。イツメンの人間関係も、それと同じなのです。この場合、ピースの一つひとつが子ども一人ひとりに該当しますが、もちろん人間ですから、そんなに単純な輪郭をしているわけではありません。実際はいろいろな要素が重なり合って、私たちのパーソナリティはできあがっています。

しかし、価値観が多様化している今日では、いろいろな要素を提示し合って相手と関係を紡ごうとすると、ぶつかり合う機会もまた増えてしまいます。でもその衝突は避けないといけない。では、どうしたらよいのか。特定のピースたちを切り出してきて、自分という人物像をいわば単純化して示すのです。これが、「キャラ」というものです。キャラというと、よく個性の表現のように誤解されがちですが、私たちの個性とは、いろいろな要素の全体集合としてできあがっているものです。だとすると、キャラとは、むしろ個性を打ち消すことによって人間関係を円滑に回していく工夫であると言ってもよいでしょう。

キャラとは、キャラクターの省略形ですね。例えば、キティやミッフィーといったキャラクターを思い出してみてください。その端的な特徴は何でしょうか。必要最小限のできるだけ単純な線で、その特徴をクリアに表したものです。人間のキャラも、それとまったく同じなのです。いろいろな要素が複雑に絡み合ったキャラなどというものは存在しません。さまざまな要素をできるだけ削ぎ取っていって、自分という人物像をなるべく平板化・単純化して示したものがキャラです。だからこそ、お互いに衝突することを避け、人間関係を円滑に回していけるのです。お互いに相手の反応が見通しやすくなるからです。「ぼくはこういうキャラだから、こういう場面ではこう振る舞えばいい」「彼はああいうキャラだから、ああ返してくるだろう」「ぼくはこういうキャラだから、次にこう返せばいい」。こうして、人間関係は円滑に回っていくことになります。

ただし、こうやって人間関係を円滑に回していくためには、もう一つ別の前提条件が必要です。お互いに相手のキャラがきちんと見通せていないと、相手の反応の予測はできません。すなわち、グループの中でいったん割り振られたキャラは、勝手に変えてはならないということです。だから いま若い人たちは、「キャラ変」が難しいというのです。本来、初期設定されたキャラは変えてはいけないものだからです。固定されているからこそ、関係の見通しがよくなっていくのです。このように、自分に割り振られたキャラは、自分の思い通りにはできないものです。そして、それが固定的だということは、自分という自己像も、だんだんとキャラの中に固定化されていくということです。それが、これから述べる問題につながっていくことになります。

仮に、このジグソーパズルにX軸とY軸を置いてみるとします（図10-14）。そうすると、このピースの座標はどのように表されるでしょうか。この座標を示すものこそが、キャラということになります。このイツメンの友人関係の中で、「ぼくのポジションはここなんだよ」と示すものがキャラなのです。したがって、まわりとうまく輪郭がかみ合わないピースは嫌われることになります。個性的であることが嫌われる理由がここにあります。それは、自分の安定した居場所が確保できないことを意味するからです。ということは、裏返して考えてみれば、もしまったく同じ輪郭のピー

図10－14　ジグソーパズルの中の座標

スがここにあると、このぼくと入れ替え可能だということにもなります。それは、このぼくの安全な場所を危機にさらします。したがって、これも嫌われることになります。キャラ被り、キャラが重なることも嫌われる理由がここにあります。お互いのキャラは、一個一個が全部違っていないと、居場所が安全に確保できないからです。

さて、このように見てくると、キャラ的な人間関係にとって大切なのは、このピース一個一個の輪郭であって、じつは絵柄は関係ないということになります。輪郭さえきちんと噛み合っていれば、表面は何でもかまわないのです。それは、すべてのピースについてあてはまりますから、極端なことを言えば、表面には番号を振ってあるだけでもいいのです。ぼくの居場所は〇番ですということです。

ここで想起されるのは、私たち人間が固有名を剝奪されて番号で呼ばれた時間と空間があったという事実です。歴史に詳しい方はすぐわかるでしょう。アウシュヴィッツ強制収容所です。ここに収容されたユダヤ人たちは、名前を剝奪され、すべて番号で呼ばれていました。これがどれだけ人間の尊厳を傷つけることであるのか、自分の名前を失うということが、どんな意味を持つのか、容易に想像できるでしょう。

キャラ的な人間関係というのは、じつはこれと似たような事態におちいっていることになります。つまり、お互いに匿名的な関係になっているということです。輪郭さえ嚙み合っていれば、じつは誰でもいいからです。この人間関係で必要とされているのは、これこれこういうキャラの人物であって、それがこの生身の私である必要はないのです。たしかに、一つひとつのピースの輪郭は全部違うという意味で、そこに特殊性はあるでしょう。しかし、仮に輪郭さえ同じなら、入れ替え可能だということは、そこに単独性はないのです。こうして、「この人間関係の中で必要とされているのは、ほんとうにこの私なのだろうか、このぼくでいいのだろうか」、そういった思いがだんだんと募っていくことになるのです。代替不能性からの疎外という状況が生まれてくるのです。その結果、かけがえのない自分、ほかの誰でもない自分という感覚がだんだんと損なわれていくことになります。

このような状況が進んでいくと、自分にはキャラなどに落とし込まれないような自分らしさがあるといった感覚を持つことがだんだんと難しくなってきます（図10-15）。日々の生活の中ではいつ

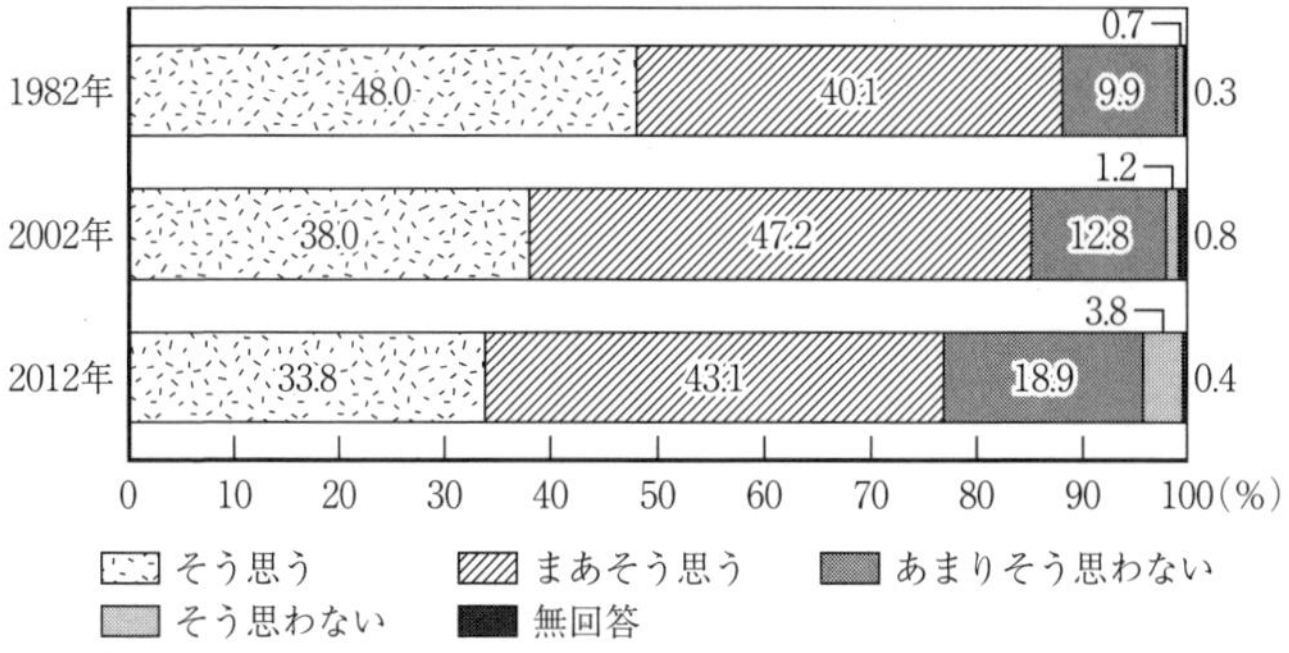

図10－15　自分には「自分らしさ」がある（16〜29歳）

（出典）　青少年研究会「都市在住の若者の行動と意識調査」をもとに作成。

もキャラに引きずられているからです。「自分にはかけがえのない自分らしさがある」。そういう実感を持つことがだんだんと難しくなってくるのです。そして、このような関係が最も純粋化されて現れてくるのがネットの中です。したがって、代替不能性からの疎外が最も激しく進みやすいのもまたネットの中ということになります。

私たちは、コミュニケーションを言葉だけで行っているわけではありません。言語によるコミュニケーションは、コミュニケーション全体の約三五％にすぎないと言われています。あとの六五％は、ノンヴァーバルなもの、すなわちいろいろな身振りや動作、ジェスチャーといった非言語な情報によって、私たちは他者とコミュニケーションをとっています。しかし、ネットの中のコミュニケーションは、少なくともいま現在はテキストベースによるものがほとんどです。すると、言語コミュニケーションだけでほぼ人間関係が営まれていくことになります。そのため、お互いに意図したキャラを立て合って人間関係を紡いでいくことが容易になるのです。言ってみれば、理念的な世界をそこでは構築しやすいのです。お互いに不都合な要素を全部落としていって、都合のよいリアリティを作り上げることができる。そして、それこそが、代替不能性からの疎外という状況も進めていくことになる。操作の困難な不純物を全部排除していってしまうからです。本来、そのノイズの部分にこそ、自分の自分たる痕跡があるにもかかわらず、それが全部削がれていってしまうのです。近年しばしば指摘されるようになったネット依存という問題も、じつはここから生まれてきます。

——代替不安がもたらす関係病理

では次に、三つめのトピック、ネット上での人間関係について考えていきましょう。

人間関係に対する大きな不安を抱えていなければ、これほど高い数字でネット依存が生まれてくるはずがないでしょう。依存とは、一般に、自分の意志ではやめられない、そのために日常生活に支障をきたしてしまう、そういう状況におちいることを指します。ネット依存もまた、同様の文脈で語られる傾向があります。いま日本でもよく使われているネット依存尺度は、薬物依存やギャンブル依存の尺度を応用してつくられたものです。しかし、この尺度で日本の子どもの依存度を見ようとするとなかなか難しい。なぜなら日本の一〇代のネット利用の内訳を見ると、その多くを占めているのはコミュニケーション系の利用だからです。ところが、ネット依存尺度で測っているのは、むしろコンテンツ系の利用なのです。ゲーム依存や動画依存といったものです。

もちろん日本にもゲーム依存の子どもたちはいます。しかも、それは深刻化する場合が多い。ですが、浅くともすそ野がずっと広がっているのは、むしろコミュニケーション系なのです。そこでは、人間関係が背後にあるからこそ手放せない。もちろん、コミュニケーションアプリのＬＩＮＥの場合も、それを始めた当初は、楽しくてしょうがないでしょう。しかし、よく「ＬＩＮＥ疲れ」などとも言われるように、三か月、六か月と続けているうちに疲労が高まってくる。でも、その頃にはもう止めることができなくなっている。その背後には日常の人間関係があるからです。

先ほど、学校でのイツメンとは保険のようなものと申し上げました。保険なので、その関係を維持していくためには、相互配慮という掛け金が必要だとも申し上げました。そして、この配慮は、いまは学校だけでは終わらなくなっている。イツメンの人間関係をマネージメントしていくために、ネットが活用されているからです。つまり、いま中高生たちは、学校の中だけではなく、家に帰ってからも、塾に行っても、寝るときになっても、この道具を使って、学校でのイツメンの人間関係のマネージメントをやっているのです。だから、だんだんと疲れてくる。でも、もうそのときにはネットを手放すことはできません。手放せば、学校での人間関係に大きな影響が出るからです。それは自分だけが外れることを意味するからです。

子どもたちは、ＬＩＮＥの既読表示をなぜこれほど気にするのか。それは、これがお互いに用件を交換し合う道具としてではなく、お互いがつながっていることを確認し合う道具として使われているからです。だから相手のメッセージを読んだのに、それに返答しないということはまずいのです。保険の掛け金を払っていないことになってしまうからです。だとすると、一般に、依存とは、自分の意志ではやめられない、その結果、日常生活に支障をきたしてしまう状態を指すのですが、多くのネット依存の場合は、少々事情が違っていることに気づきます。むしろ、因果関係は逆なのです。つまり、自分だけが勝手に止めると日常生活に支障をきたしてしまう。だからこそ、自分の意志だけではやめられないのです。自分ではやめられないから日常生活に支障をきたしてしまうのではなく、やめてしまうと日常生活に支障をきたしてしまうからこそ、自分の意志だけではやめられないのです。したがって、この依存の背景にあるのは、快楽というよりむしろ不安と言えるでしょう。楽しいから止められないのではなく、不安だから止められないのです。

イツメンとは、学校のクラスという大海に浮かんでいる孤島のようなものです。そこにしか自分の居場所がない。もちろんこれは自発的につくられた仲間ですから、そこで人間関係がうまくいっているときは、充実感や満足感は高いでしょう。学校から強制された不本意な関係ではなく、好きな者同士で、似た者同士で、自由に作り上げた関係だからです、しかし、じつはそこにしか学校で自分の居場所がないとも言える。そうすると、もしここで躓いてしまったら、もう自分の居場所はどこにもなくなってしまう、そういった不安感も同時に抱え込むことになっていくのです。

しばしば、イツメンからはずされることが不登校に直結してしまう理由もここにあります。別のクラスメートと付き合えばいいではないかと大人は思いますが、子どもたちにとってそれはとても大変なことです。イツメンが違えば、住む世界が違うからです。こうして、自分の居場所はイツメンにしかない、それ以外にはどこにも居場所がない、そういう不安感を同時に抱え込んでいくことになるのです。だから、前半でも述べたように、仲間関係についての充実感は高まってきているのに、同時に不安感も増してきているのです。したがって、これはなにもイツメンの中で躓いてしまった人間だけの問題ではありません。いまは躓いていない子どもたちだって、もし躓くことになったらどうしようという不安感は、つねに潜在的に抱えている。そんなアンビバレントな人間関係を営んでいるのです。

四つめのトピック、いじめの問題もここから生じてきていると言えるでしょう。例えば、ネットいじめの例を素材にして考えてみたいと思います。もちろん、いままでは、大きな社会問題となったこともあって、それほどあからさまで直接的ないじめはネットの中でもあまり見られなくなってきました。いまのネットいじめでは、むしろ特定の子だけを残して、別のグループをつくってしまうといったケースのほうが多く見られるようです。それでも、眼差しがどこを向いているのかという構図は、直接的ないじめの場合とたいして違っていません。子どもたちがいちばん気にしているのは、いじめのターゲットになった子の反応というより、むしろその子を見つめている仲間のみんなの反応だからです。自分の言動が仲間からどう見られているんだろうか、仲間からちゃんとウケをとれているんだろうか、仲間からどう評価されているんだろうか、そういったことを気にしているのです。

そうすると、ターゲットになっている子の反応は、みんなで見ているようでいて、じつは真剣には見ていないことがわかります。いちばん真剣に見ているのは、わき目でチラチラ見ている仲間の反応だからです。ここでエスカレートしていっているのは、じつは攻撃衝動ではなく承認競争なのです。だからこそ、いじめがだんだんと過激になり、深刻化していきやすい構図になっているとも言えます。自分たちのやっている振る舞いが、ターゲットにしている子にどんなダメージを与えているのかにまであまり気が回らないからです。一所懸命に気を回しているのは、仲間の反応だからです。

いじめにおいて、じつは加害側の子どもたちは、被害側の子どもと目を合わせていない。これが、この問題の深刻化を招いているひとつの要因ではないかと思います。すると、ここでターゲットにされるのは、別に特定の属性を持った子どもである必要はないということになります。いじめの究極の目的は、ターゲットにされた子を苦しませることになるのではなく、その行為を通じてお互いの人間関係を維持していくことにあるからです。だからターゲットは、じつは誰でもいいのです。場合によっては、それは仲間の中をぐるぐると回っていくこともある。つまり、加害、被害の関係が安定をしないということ、いじめの流動化という現象が見られるようになっているのです。

例えば、国立教育政策研究所が行った調査を見てみましょう。中学校一年から三年までの三年間、それぞれ年に二回、半年の間にいじめの被害にあったかどうかを尋ねたものです（図10-16）。二〇〇七年から二〇〇九年の三年間の調査を見てみると、合計六回の調査を通して自分は毎回いじめら

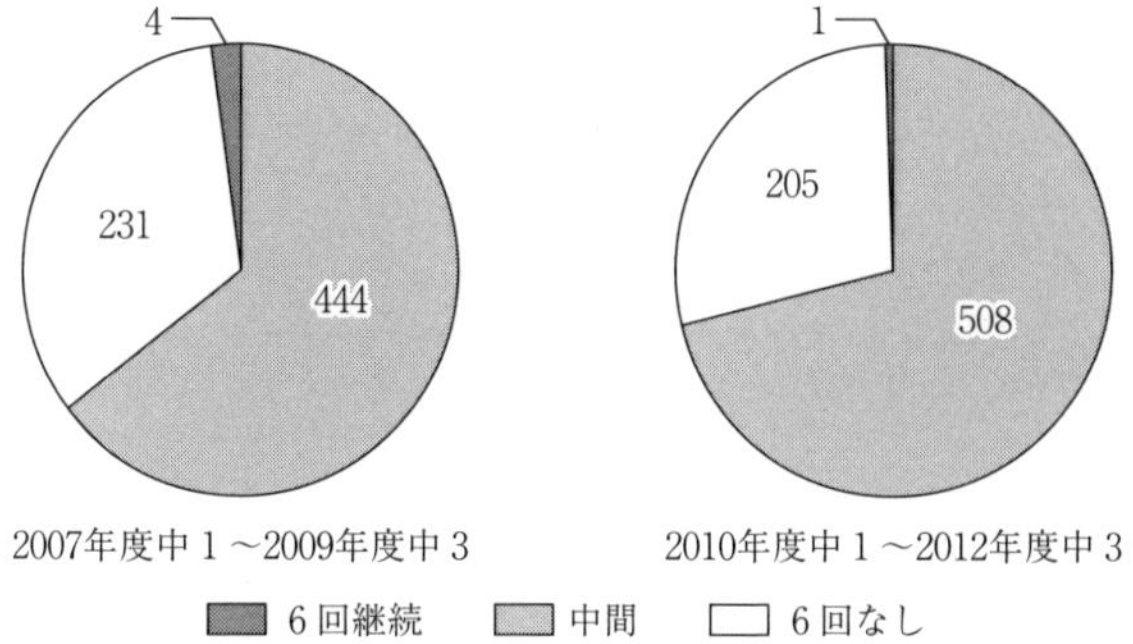

図10－16　中学校３年間のいじめ被害経験（人）

（注）　仲間はずれ，無視，陰口。
（出典）　国立教育政策研究所「いじめ追跡調査2007-2009」「いじめ追跡調査2010-2012」報告書より。

れていると答えた子どもは四人でした。その後の二〇一〇年から二〇一二年の調査では、それが一人になっています。固定化されたいじめられっ子は減っているということです。まったく経験がないのは四分の一程度です。一方、最も多くて四分の三を占めているのは、ある時点ではいじめの被害に遭ったことはあるが、ある時点ではないと答えた中間層の生徒たちです。つまり、六回のうち、二回から五回、被害に遭ったことがあると答えた生徒たちです。

この調査では加害経験も訊いているので、次にそちらを見てみましょう（図10－17）。二〇〇七年から二〇〇九年の間に、毎回毎回、自分はいじめたことがあると答えた子どもは四人でした。その後の三年間の調査では、それが二人になります。固定的ないじめっ子も減っていることがわかります。一方、まったく経験のない生徒はやはり四分の一で、最も多くて四分の三を占めるのもやはり中間層の生徒たちなのです。ある時

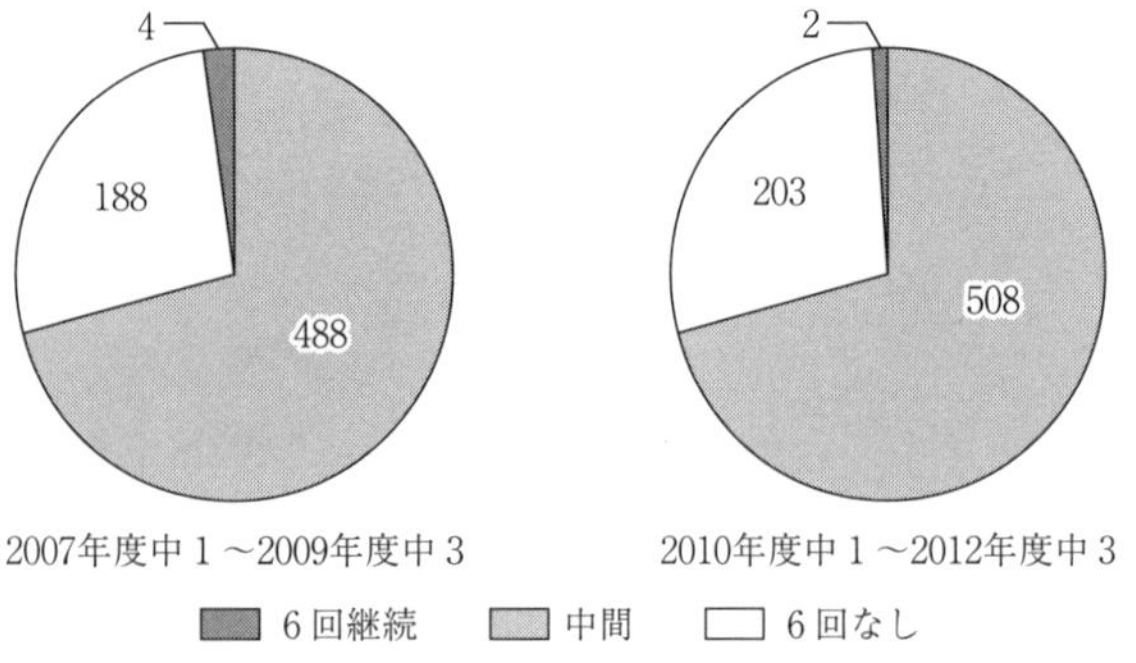

図10－17　中学校３年間のいじめ加害経験（人）

（注）　仲間はずれ，無視，陰口。
（出典）　国立教育政策研究所「いじめ追跡調査2007-2009」「いじめ追跡調査2010-2012」報告書より。

にはいじめの加害があると答え、別のときにはないと答えた生徒たちです。ここで注目すべきなのは、いじめの被害経験の中間層も四分の三、加害経験も四分の三という事実です。どちらも半数を超えているということは、両者が重なっている子どもが一定数いることを示しているからです。つまり、ある時期には被害側だったけれども、別の時期には加害側に回っている、そんな子どもたちが一定数いることを物語っているのです。

それが、もっと直接的に表れているのが、民間団体のジェントルハートプロジェクトが行った調査です（図10－18）。いじめの加害と被害の経験のどちらもあると答えた子どもは、小学生だと四分の一くらい。中学生だと六分の一くらいいることがわかります。このくらいの割合で、一人の中に両方の経験が共存している。言い換えれば、加害と被害が固定せずに回っている。これらの調査からは、そんな子どもたちの世界の

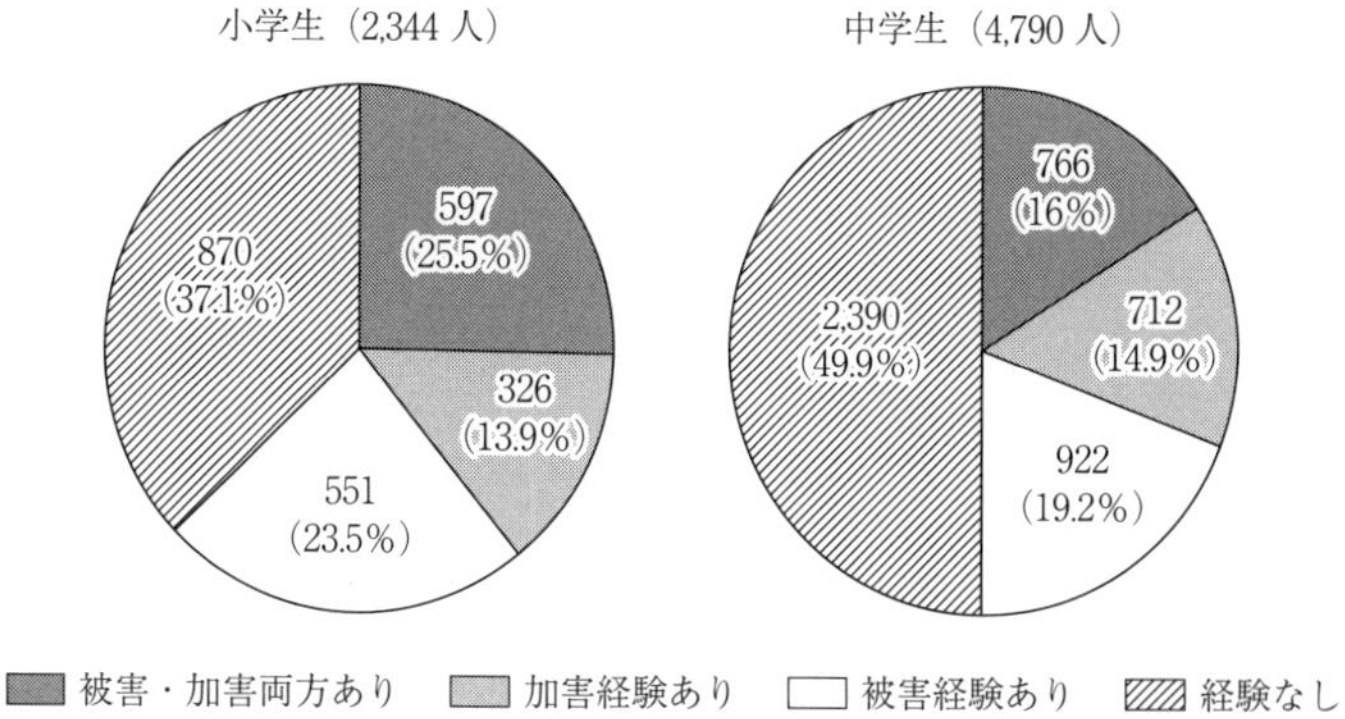

図10－18　いじめの加害と被害の経験（人）

（出典）　ジェントルハートプロジェクト「子どもアンケート調査（2012-2013）」報告書より。

実態が見えてきます。

このように事態が推移する中で、ご承知のように文部科学省もいじめの定義を変更しました。八〇年代につくられたかつてのいじめの定義には、いわゆる構造的な要件と呼ばれるものがありました。「弱い者に対して一方的に、身体的・心理的な攻撃を継続的に加え、相手が深刻な苦痛を感じているもの」という定義がそれです。しかし、二〇〇六年に改訂された新しい定義では、その構造的な要件が外されることになりました。「一定の人間関係のある者から、心理的、物理的な攻撃を受けたことにより精神的な苦痛を感じているもの」という定義がそれです。つまり、強い者が弱い者に対して、一方的に、継続的に、という構造的な要件が定義から消えたのです。それは、いまお話してきたような事態が、おそらく二〇〇〇年以降に進んできたからだと考えられます。

――眼差しの構図を変えていくために

では、今日の子どもたちのこのような人間関係のありように対して、私たち大人はどのように向き合っていけばよいのでしょうか。この問題を考えるのが最後のトピックになります。

いまの子どもたちにとっての課題は、私のような世代が若かった頃とは大きく変わってきています。その頃の課題とは、いかに自分が自由であり得るかでした。学校の拘束から、親の束縛から、地域のしがらみから、いかに解放されて自由を手に入れられるかでした。しかし近年は、社会の流動性が高まってきた結果、かつてと比較すれば、はるかに自由度は増してきました。その代わり、流動性が高まったこの世界の中で、どうやったら周囲からの承認を得ることができるのか、それが大きな課題として浮上するようになりました。

平たく言えば、私たちの世代が若かった頃は、まわりから既成の人間関係を強制されることに対して大きな不満を抱えていました。親から、学校の先生から、地域の大人たちから、不本意な人間関係を強制されることに反発を覚えていました。しかし昨今では、そのような関係を強制される場面は、皆無とは言いませんがかつてと比較すれば大幅に減ってきました。社会の流動性が高まったからです。その結果、今度は逆に、自分だけが関係から外されてしまったらどうしようという不安感がむしろ強まるようになってきたのです。そしてこれが、人間関係に対するリスク感覚を強めてきたとも言えます。

このリスク感覚は、眼差しの構図にも大きな影響を与えます。私たちの世代が若かった頃は、自分が周りからいつも見られているのではないかという不満を大きく抱えていました。学校の先生から監視されているのではないか、親から見られているのではないか、そういった不満を大きく抱えていました。しかし、いまは逆です。学校の先生はちゃんと自分のことを見てくれているのだろうか。親はちゃんと自分のことを愛してくれているのだろうか。クラスメートは自分のことをちゃんと認めてくれているのだろうか。そういった不安感がむしろ強まるようになってきているのです。

もちろん、関係への不満が関係への不安に完全に入れ替わったわけではありません。いまでも不満を抱えた子どもたちはいるでしょう。しかし割合としては、だんだんと不満のウェイトが下がり、不安のウェイトが高まる傾向を示している。そのため、自由より承認のほうが表面に出てきやすくなっているのです。だから、一人でいることの意味合いも変わってくる。私たちの世代が若かった頃は、一人でいる人間は一匹狼と呼ばれてカッコいいと思われることもありました。組織や制度に縛られないで自由に生きていることの表れでもあったからです。しかし、いまはまったく違う。一人でいるとぼっちと呼ばれて蔑みの対象とすらなってしまう。その背後には、これまで申し上げてきたような社会的な変化があるのです。

そして、このようなぼっちを恐怖する感覚が、今日のいじめ問題の背景にもなっていると言えます。「中学生のとき、いじめていたことがありました。暴力や物を壊すとかではなく、その子をいじめる友達に便乗して、靴を隠すなどの間接的ないじめをよくしていました。正直、『いじめはよくない』ということは分かってました。知ってはいるけど、便乗して一緒にいじめてしまったのは、たぶん、友達の輪から外れて自分だけがひとりぼっちになる、いじめの対象が自分に変わるかもしれない、という考えがあったからだと思います」(『毎日新聞』二〇一二年一一月一四日付)。これは、ある高校生が中学時代を振り返って新聞に投書した文章です。非常に正直な気持ちだと思います。このようなひとりぼっちに対する強い恐れが、今日のいじめ問題の背景には潜んでいるのです。

では、私たち大人は、この問題とどのように向き合っていけばよいのでしょうか。しばしば、いじめ問題の解決のために強調されるのは、道徳心の涵養です。しかし、いまの子どもたちも、この投書にあるように、いじめが悪いことはよくわかっています。わかってはいるけれども、でも自分も加わらざるを得ない。そんな状況に置かれているわけですから、ここで道徳心をあらためて強調したところで、それにどれほどの効果があるのか疑問です。むしろそれは子どもたちの自己否定感をさらに強めていってしまうだけの結果になりはしないでしょうか。

それと同様に、絆の大切さが訴えられることもよくあります。もっと仲良くしましょうというわけです。しかし、考えてみてください。強い絆がもたらす同調圧力こそが、いじめ問題の背景にあるものです。イツメンとの問題をつねに良好に保っていなければならないというプレッシャーが、関係の病理を生み出しているのです。だとすると、いま求められるべきなのは、団結心を強め、結束を求めるようなタイプの絆ではないはずです。そういったつながりではなく、むしろ逆に緩やかに外部へと開かれた架け橋のようなつながりが必要なはずです。近年、社会関係資本という言葉がよく使われるようになってきましたが、そこには結束型と架橋型の二つのタイプがあります。いまの子どもたちに求められるべきなのは、前者ではなく後者ではないでしょうか。

このような社会関係資本に関して、米国のある有名な論文があります。その論文のタイトルは、まさに“The Strength of Weak Ties”です。直訳すれば、「弱いつながりの強さ」となります。弱いつながりこそが強いのだという見解がストレートに示されたタイトルです。弱いつながりは、流動性の激しいこの世の中に対して柔軟に対応していけるし、新しい情報もたくさん入ってくる。その結果、関係は豊かになり、個人の可能性も広がっていく。逆に言えば、強いつながりはむしろ脆いということです。環境の変化に柔軟に対応できないし、固く閉じていると新しい情報も入ってこない。したがって、自分自身を相対化することも難しくなってしまう。自己イメージも固定化してしまうのです。

世阿弥が残した有名な言葉の一つに「離見の見」があります。これは役者の心得ですね。一流の役者というものは、演じている役に埋没してはならない、演じている自分を見つめるもう一つの目を持たなければならない。なぜなら、役者の演技とは観客に見てもらうものだからです。だから、観客の視点から自分を見つめなければならない。そんな視点を持つことが一流の役者の条件であると説いたのでした。いま述べた社会関係資本の考え方から眺めてみると、この「離見の見」とまったく同じことが私たちの人間関係についても言えることに気づきます。私たちは、得てして日々の

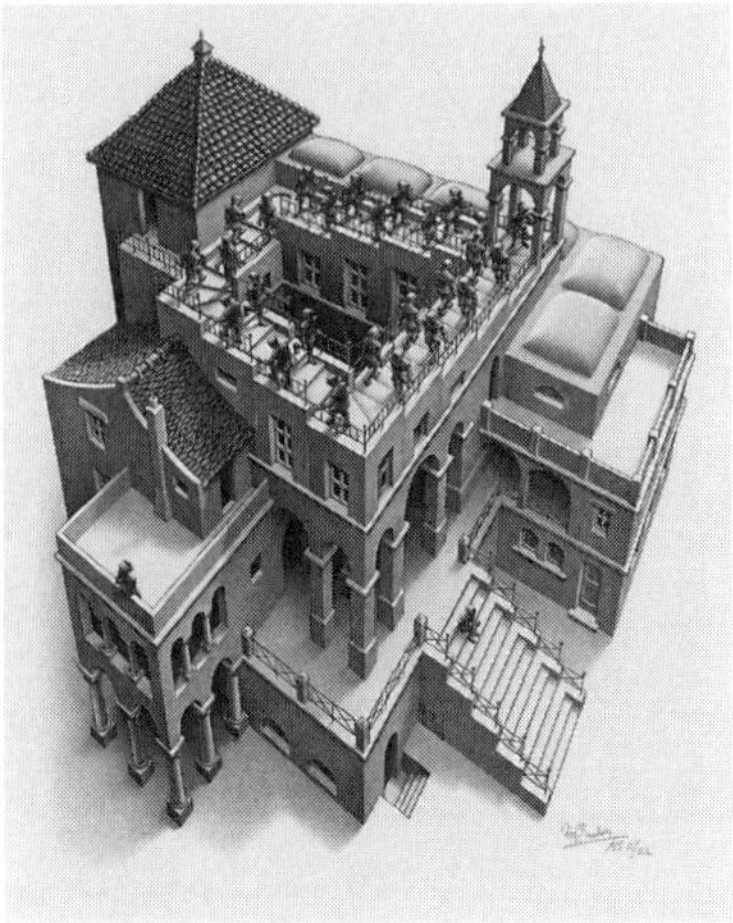

図10－19　エッシャー《上昇と下降》
1960年。

(出典)　オランダ・エッシャー財団。

人間関係の中に埋没しがちです。とくにイツメンのような関係の場合はそうです。であればこそ、その閉じた世界をどうやって開かせていくのか、「離見の見」の眼差しをどうやって涵養していくのか、それこそが、いまの教育に求められているものではないかと思います。

冒頭近くで、《昼と夜》というエッシャーの版画を紹介しましたが、最後にもう一枚、こちらも紹介しておきたいと思います。《上昇と下降》という作品です（図10-19）。塔の中の階段を人が登ったり降りたりしています。同じ階段を歩いているにもかかわらず、お互いにまったく交わることがない。視線が合うこともない。そして、この階段はどこまで歩いてもぐるぐる回っていくばかりで出口がない。こういう世界をいま子どもたちは営んでいる。とりわけ、イツメンとはこんな世界です。クラスという同じ階段を歩いているのに、グループが違えばまったく交流はないし、そこからの出口もない。だとすれば、いま私たち大人が彼らにすべきことは、この閉じた世界に出口を設けてやることでしょう。

毎日新聞の記者で、小国綾子さんという方がいらっしゃいます。彼女はずっと若者の取材をしてきた方ですが、あるコラムで、その取材から感じたことを書いていらっしゃいました。「『親にしかできないこともあるが、親だからできないこともある』と、長年の若者の取材で痛感してきた。親以外の信頼できる大人との出会いは、子供の生きる力になる。生死を分けることもある。親にできるのは、我が子を囲い込まず、信頼できる他人の大人に会わせること。そして自分も、よその子にとっての『信頼できる大人』になろうと努めることではないか」（「発信箱～親にできること」『毎日新聞』二〇一二年八月七日付朝刊)。これは親だけでなく、私たち教育者にとっても通じることだと思います。大人自身が関係を開いていかないと、子どもたちだって関係を開いていくことはできないのです。

そもそも学校教育とは、たんに知識を与えるものではなく、ものの見方の多様性を示すこと、それを実感させる機会を与えることだと思います。それは、人間関係を開いていくだけでなく、子どもたちの自己像を広げていくことにもつながるからです。イツメンのように閉じた人間関係では、お互いに予想できる反応しか相手から返ってきません。関係は安定するかもしれませんが、その分だけ自己像も限定されてしまいます。私たちは、自分で直接には自分の顔を見ることができません。鏡に映して初めて自分の顔を確認できます。それと同様に、自分がどんな人間であるかも、自分が一番よく知っているように思えて、じつは意外と知らないものです。自分の客観的な姿は、他者の反応という鏡を通してしかわかりません。しかし、このときの他者がイツメンのように想定内の反応しか返してこない相手だけだと、すでに知っている自分の姿を確認することしかできません。自分の知らない自分と出会うことはできないのです。

自分の知らない自分、自分さえ気づいていない自分の潜在的な可能性に気づかせてくれるのは、想定を超えた意外な反応を返してくれる相手です。それは、イツメンのような同質な仲間ではなく、自分とはまったく違う異質な他者ではないでしょうか。私たちは、子どもたちをそんな他者と出会わせていかねばなりません。多様性に満ちた関係へとつながりを開いていくこと。これこそが、ネット社会におけるいじめ問題を考えるときの重要なポイントではないか。私はそう考えています。

（二〇一六年一二月）

第11章

いじめ研究の視座
——本質は変わらないのか

〈インタビュー〉松浦善満

聞き手：原清治＋山内乾史＋小針誠

原　松浦先生、本日はお忙しいところ、お時間をとっていただいて、ありがとうございます。先生にも我々の研究グループに入っていただいて、これまで子どもたちの中で起こっているいじめの問題、とりわけ「ネットいじめ」についての研究をいっしょに進めていただいています。今回はぜひ松浦先生のお立場からこの研究をどう見るのか、そしてネットいじめや子どもたちの実態をどう見るのか、そんなお話をしていただけたらと思っております。どうぞよろしくお願いいたします。

松浦　よろしくお願いいたします。

大きく二つに分けて、私の考えをお話ししたいと思います。一つはネットいじめも含めて、いじめに関する日本の状況をどう見たらよいのかということです。いじめの問題には一九八〇年代から関わってきましたが、一九八五年の科研費研究で、森田洋司先生を代表に第一次いじめ調査を実施しました（大阪市立大学社会学研究室編『「いじめ」集団の構造に関する社会学的研究』一九八五年）。

原　日本のいじめ研究の中では草分けの研究です。

松浦　このときは森田先生が代表で、東京では清永賢二先生、私は大阪を中心に調査を担当しました。この報告書で初めて「いじめの四層構造」という枠組みが提起されました。それから三十数年が経ちましたが、依然としていじめはなくならない。私自身はむしろ広がっているように思うのです。この状況をどのように捉えるのか、考えていることを述べたいと思います。

もう一つは、今回の大規模なデータによるネットいじめの研究結果（本書の第2章を参照）をどのように見ていくのかということです。また今後の課題も少し出していけたらと思います。

原　そうですね。子どもたちにとって何か示唆的なことを、提案できればいいなと思っております。

――いじめの変遷

松浦　そもそもいじめの研究では、いじめを大きく四つの時期に分けています。

原　はい。ただ、厳密に各期があるわけではなくて、外国の研究者も含めて、自分が区分しやすいところにある程度ポイントを絞って、四つに分けたり、場合によっては三つに分けたりする研究もありますね。

松浦　まず、初期の頃のいじめ。「八〇年代いじめ」と言っていますが、福島県いわき市のいじめ自死事件（一九八五年）や、東京都中野区立中野富士見中学校の鹿川裕史君のいじめ自死事件（一九八六年）など突出したいじめがあって、これを契機にしていじめ問題が出てきました。私はほぼ同時期というか、少し先行して森田先生の調査に関わっていて、一回目の調査を行った、そういう時期です。

第二期は一九九〇年代です。一九九四年に愛知県西尾市で大河内清輝君のいじめ自死事件がありましたが、この事件と並行して、海外でもいじめの研究が進んだ時期です。イギリスで大きないじめ事件がありましたし、ノルウェーでも自殺事件が起きまして、イギリスではピーター・スミス先生、ノルウェーではダン・オルヴェウス先生のような研究者が調査研究をすすめていました。私たちも八〇年代には、いじめというのは日本独特の問題行動だという捉え方をしていました。しかし九〇年代に入ると外国にもいじめがあるんだという認識の下に、国際シンポジウムの開催、国際調査に取り組みました（「いじめ／校内暴力に関する国際比較調査」森田洋司代表、一九九九年）。

そして二〇〇〇年代ですね。ここの時期が今、三期にするか、四期に分かれるのかという時期になります。一応四期として見た場合、第三期の時期にはいわゆる暴力的ないじめではなくて、グループによる仲間を中心にしたいじめも発生するということで、いじめの概念がかなり広く捉えられるようになった。二〇〇六年にはいじめの概念規定、いじめの定義づけが大きく切り替わりました。「被害者準拠」の立場から、「当該児童生徒が、一定の人間関係のある者から、心理的、物理的な攻撃を受けたことにより、精神的な苦痛を感じているもの」というように規定が変わった時期です。

そして第四期に入っていく。二〇一一年に起きた大津市の中学二年生のいじめ自死事件（二〇一一年）が契機です。東日本大震災の年の一〇月に起きた事件です。しかし事件がメディアに取り上げられて注目されるようになったのは、翌年七月から八月にかけてです。「自殺の練習」があったのではないかというメディアのスクープから学校の「隠蔽体質」が厳しく問われました。この大津市いじめ事件を契機とした第四期の新たな特徴は、いじめ防止対策推進法という法律ができたことです。

原　そうですね。二〇一三年でしたね（六月公布、九月施行）。

松浦　諸外国では、いじめ防止の法律というものが、アメリカをはじめ、どこの国でもほぼできていたんですが、日本は遅れてできた。この法のあり方をめぐっては日弁連をはじめ文科省でも改正の話し合いが進んでいるようです。第四期は同時にネットいじめや、スマホに関するＬＩＮＥいじめの問題が大きく取り上げられた。それで、いじめ防止対策推進法のいじめの定義の中にも銘記されています。

原　「インターネットを通じて行われるいじめ」が入っていますね。

松浦　ええ、そういった流れがあるわけです。

原　いじめの時期区分というのは、言い方を変えればいじめの種類が、ちょっとずつ子どもたちの中でも変化しているということです。僕はよく「深化する」という言葉を使うんですが、いじめというのは今も昔も普遍的にあった現象であり、教育問題ではありますが、子どもたちの実態に伴い、また社会の変化に伴って、いじめそのものが様態を変えるということですよね。ですから第一期のいじめと、第二期、第三期、その後の第四期のいじめというのは、まったく種類の異なる事象が出てくる。

松浦　私たちの研究の枠組みでは、いじめそのものは本質的に変わっていないが時代環境の変化でいじめの形態が変わってくると捉えていますが、この点は大事な視点であり再確認する必要があると思います。いじめは、時代の影響を受けて本質も変わってくるのか、あるいは本質は変わらずに形態だけが変わっているのか……。

山内　テクノロジーの発展に応じて、見える形は確実に変わっていますけれども、本質は変わっていないというご指摘については、そのとおりと思います。

原　その論拠というか、「本質が変わらない」というあたり、いかがですか。

松浦　それはね、手元にある吉野源三郎の『君たちはどう生きるか』（岩波文庫、一九八二年）という本です。今、漫画（マガジンハウス、二〇一七年）になって二二〇万部以上も売れているということで、かなりの中高生がこれを読んでいるし、大学でも原本をテキストに使う先生が出てきています。これはなぜだろうということで、私も何度も読み返しているんですよ。もちろんこの本は思春期の自我の形成をテーマにした哲学書でもありますが、前半部分ではかなりの頁を使っていじめ問題が展開されているんです。主人公のコペル君は勉強のできる、旧制中学校の二年生なんですが、正義感は持っているんだけれども傍観者の位置に置かれている。同じクラスに浦川君という、みんなからいじられる子どもがいて、本人は豆腐屋の息子なんですが、家が非常に厳しい状況の中で親の仕事の手伝いをしているので学校も休むことがあります。いつも弁当に油揚げを入れてくるので、それをみんなが茶化し、あるときのクラス会では先生がいないのを見計らって「アブラアゲニエンゼツサセロ」といったメモ（「電信」）が回され、無理矢理役割をおしつけるいじめをするんです。いじめの主謀者に対して、正義感のある北見君が食ってかかるんだけど、浦川君はそれを「やめといてくれ」と言う。それに対してコペル君は、なかなか関われないというジレンマに陥る。その後コペル君は北見君の家に出かけ仲良くなるのですが、勉強のできる子どもの多くがいじめは悪いことだとわかりながらコペル君のように傍観者の立場に立つ状況は今も昔も変っていません。

これはこの時代を反映した吉野源三郎氏の視点だという指摘もありますが、むしろ今の子どもたちの人間関係と、小説で描かれた一九三〇年代の生徒の関係性とでは、それほど変わっていないのではと思います。そういうことで、いじめの本質論は変わらないと捉えていいと思います。また今の子どもたちの学校での関係性や雰囲気が、この物語にフィットするところがあるから、ここ一〇年ほどずっと学校の課題図書になるなど受け入れられている理由の一つだと考えるのです。

原　なるほど。山内先生、どうですか。

山内　この本については批判の声も結構ありますね。

松浦　そうですね。

山内　要するに、見ているだけで何もしなかったということですね。新幹線の中で襲われた女性をかばって刺されて、亡くなった方がおられましたね（二〇一八年六月九日）。ああいう正義感を行動に移して負傷するとか、亡くなるとか、そういう人があまり話題にならなくて、こういう本が話題になるのはいかがなものかと、例えば小林よしのり氏がおっしゃっています。

ただ、いじめ問題の本質を学ぶということに関しては、この本にはかなりいろいろな示唆があると思います。松浦先生にお伺いしたいのは、「いじり」という言葉を、今何度か使われましたね。

原　「いじめ」ではなく「いじり」ですね。

山内　はい。「いじり」についてもかなり今、社会的な問題になっていて、「いじり」と「いじめ」は違うのか。現在では「違わない」という議論が強いようですが、そこをお話ししていただけませんでしょうか。

松浦　土井隆義先生は、友達関係を維持するためのキャラ合わせとしての「いじり」という使い方をしていますね（本書の第10章参照）。「いじめ」という一つの枠組みの中で「いじり」を捉えることはできますし、「いじめ」の前段階として、グレーゾーンの部分ですね――いわゆる「からかい」とか「ふざけ」とか、そこに「いじり」を入れる定義づけもあります。私自身もどちらに区分するのか、まだ決めかねているところです。おそらく「いじめ」の範疇に入れるほうが、学校教育や生徒指導ではいいのではないか、という感じを持っています。

私は学童クラブの研究も同時にやっているのですが、いじめに関わる子どもたちの生育過程などを見ていたら、学童クラブは異年齢の集団なので、喧嘩やいさかいを体験したり、仲裁に入ったり入られたりする経験を常時できるので、人間関係の調整能力がついて、学校ではいじめの輪の中にあまり入らずに生活できている子どもが多いように思います。結論から言うと、いじめに関わるかどうかはその子どもの生活体験格差が影響していると思います。放課後空間では、子どもの関係性に大人があまり関わらないので、お互いに「いけず」したり意地悪したりする中で、自ら調節する力をつけてくる。そのように考えると、いじめをグレーゾーンの中で許容しながら、クッションとして我々が接するほうが、子どもにとっては調整能力がつくという、そういう考え方は十分にできます。

――四層構造論の誕生

小針　時代区分ということで四区分に分けてお話しされたのですが、第一期というのはちょうど僕が中学生だった時期です。鹿川君の事件が起きた二か月後に僕は中学校に入学しているので、そういった意味では松浦先生のいじめ研究と、僕の学校歴とはオーバーラップしているのです。その後、大学に入って教育社会学を学びはじめて、「いじめの四層構造」について先生方が書かれた本を読んだり、講義を聴いて、僕自身の学校経験を振り返りつつ、納得するところがたくさんありました。それから二〇〇〇年代に入って、今度は僕が「いじめの四層構造」を学生に教える立場になりました。やはり当時の学生たちからしてもリアリティがあったというか、変わらないというか、「いじめの四層構造」そのものは、ほぼ変わっていない。さっきおっしゃった「いじめの本質は変わっていない」ということと大きく重なるのではないかと、僕自身は思っています。

ただ、その中でいじめの手段は大きく変わったように思います。例えば、テクノロジーの変化だとか、情報ツールの相次ぐ登場とともに、新たなタイプのいじめが出現したのではないか。とくにインターネットやスマートフォンの普及で、いじめが捉えにくく、複雑になっているのではないかと思うこともあります。四層構造にしても、はっきりとした四層ではなくて、いろいろな形があり得ると思うのです。また、誰が主になるか、どの層が厚くなるかによって、問題の構造や本質が変わってくるということがあるのではないでしょうか。

松浦　学校の状況とか学級の状況とか、それから学力によってもまた違う面もありますが、今は傍観者層がかなり大きいですね。

原　そうですよね。ネットなどもまさに傍観者が相当大きくなってきています。

松浦　大人もそうですが、やはり関わりたくないという思いから、目の前の課題に対する当事者性を持ちにくくなってきている社会状況があるように思います。『君たちはどう生きるか』にしても、まさにそこそこ勉強のできる子どもたちが、コペル君と同じような共感を抱いて「(私は)こういう位置にいるな」と、いつもそうではないけれど、そういうことを感じるのではないかと思います。

そもそもいじめの四層構造論がどうやってできたのかというと、あの当時は政治学でいう「劇場国家論」(C・ギアッツ)などがトピックになった頃で、教室というのは一種の劇場だと。教師をアクターとすれば、生徒は観客という関係ができるという説がありますね。森田先生もそういう考えを持っておられたと思います。

一方、私は当時大阪市の教育研究所にいたので、学校現場を歩いて聞き取り調査をしていました。いじめの対応での困った状況を先生から聞きとり、ときにはその場面を絵に描いてもらっていました。まだその絵は持っています。例えば中学一年の女子生徒に吃音があり、周りからいじられ、消しゴムのくずを投げつけられたり、椅子が外されたりした事例がありました。美術の先生でしたから、「絵で描いてみてください」と言うとサーッと描いてくれるんです。それを見たら、いじめている子どもの周りには、笑っている子どもがたくさんいる。それで「先生、この生徒さんを助ける子はいないんですか」と聞いたら、「いるんですよ」と、その子も絵に描いてくれる。だけどクルッと後ろを向いて、シュッといじめの輪から出て行く姿を描かれるんです。

原　見て見ぬふりをする、ということですね。

松浦　ええ。怖いから関わりたくない。助けてあげたいんだけれど出て行く。それで出て行った先はみんながいる所で、そこにスッと入っていくんです。絵の中には、いじめている子と、いじめられている子と、それから喜んではやし立てる子がいる。だから加害者、被害者、観衆の層があって、仲裁してあげたいと思う子は「かわいそうだな」とは思っているけど、離れて傍観者の中に入っていく——こういう絵を描いてくれたので、実際にその調査の設計をするときに、それを持っていったんです。そうしたら森田先生が言っていることと、この絵とがまったく一致するから、そういう形で質問事項を組もうということになった。いじめがあったとしたら、あなたはそのときに「いじめたか」「いじめられたか」、あるいは「いじめたし、いじめられたか」つまり両方関わったか、それから「周りではやし立てたか」「知らんふりをしていたか」、それから「助けに入ったか」。そういう設問にして、東京と大阪の四〇クラスで生徒と教師を対象に調査しました。結果は、はっきりと四層構造が出ているクラスと、それがぼやけているクラスとがあった。四層構造もそのクラスの状況によって違ってくるわけです。

原　その両者の違いのようなものは、何かあるんですか。

松浦　それは教師にいじめが見えているか、見えていないかですね。可視性の問題がそこにあるわけです。先生方にも調査していますから、「知っていましたか」「見ていましたか」と。知らなかった、見えていなかったということも聞き取って、生徒データと対照しました。いじめの四層構造の報告書の中には、この可視化の問題も提起しています。四層構造論ができあがるときの調査は結構立体的に行われていました。今のネットいじめについての研究にしても、課題としては現実と我々の調査票とをどのように整合性を持たせて、練り上げていくかというのがありますね。だから臨床的な、いわゆるエスノメソッド的なことも含めて、どうデータと結合させるかというような研究が、どうしても必要になってきていると思います。

原　先生、ちょっと論を整理しますね。それぞれ研究者によるところはあるものの、いじめはおそらくいくつかの時期区分、松浦流に言うと四つの時期区分があって、それぞれの時期に特徴的ないじめというのが、これまで起こってきた。それを考えるときに、いじめそのもの、子どもたちそのものが変化したのではなく、つまり、子どもたちのいじめに対する考え方とか、価値観、位置付けのようなものは大きく変わらないけれど、その時代のテクノロジーや子どもたちの実相によって変化してきたものが大きいのではないか。

松浦　もうひとつあるのは、我々の研究に注目してくれた……。

原　明治大学の内藤朝雄先生ですか。

松浦　ええ、内藤先生は「中間集団全体主義」という枠組みで、学校と学級の組織は本来的に全体主義的な傾向を持つ装置だと規定されています。全体主義的な「檻」のような装置が維持されている限り、やはりそこでは四層構造ができる条件というのが、学校や学級に生まれやすい形で存在する。いじめの本質は変わっていないけれど、変わっていない要素の中にはそういった学校のシステムがある。イリッチ（I. Illich）が言ったような、学校が持っている、学校化した中での問題というものが必ずあるので、そういう視点からも捉える必要があると思います。学校の先生や管理職、教育を運営している教育委員会の人たちがどう学校を変えていくかというテーマにもつながっていくのではないかと。だからきっと、実態としていじめが発生しにくい地域や学校もあるだろうし、発生しやすい地域や学校もあるし、それはもちろん学力との関係もありますが、そのように私は思っています。

原　さらに先ほど言及いただいた、「いじめ」と「いじり」は、よく似た言葉だけれど似て非なるものであるということ。この両者の関係を我々いじめ研究をする人間がどう捉えるか、ということですよね。

松浦　「からかい」とか「いじり」があり（A）、「いじめ」がある（C）。そして両者が重なっている部分（B）があるのではないかと。

Aはどちらかというと、一定の大人とか教員、友達によって調整して、プラスの方向で仲良しになっていくとか、仲直りできるとか、そういう範疇ですね。Cは「してはならない」という、人権などに関わるような問題で、被害者にはきっちり寄り添って、加害者には「ダメだぞ」と言う範疇。調整あるいは修復していくような範疇ですね。その重なった部分Bをどう捉えるかは、いろいろな考え方があると思います。

原　そうですね。本田由紀先生などは、どちらかというと「いじり」そのものが全体的に悪いわけではないけれど、その「いじり」や「からかい」の中の一部に、いじめに転じていくようなものがあると言ってますね。松浦先生が今おっしゃったオーバーラップしている部分などは、もしかしたらAからCに向かって移行するようなものがあるかもしれないと。

松浦　さらに、いじめの中でも少年犯罪的な暴力の範疇に入るものあるので、いじめというのは、定義付けとか捉え方が非常に難しいところがあります。

原　非常にクリアな論点整理ですね。

小針　逆にいじめに対する捉え方というか、受け止め方が少しずつ変わってきているかなという気はするんですよね。

原　というと？

小針　人間関係がこじれると、加害者のほうは「いじりだ」と言うけれど、被害者のほうは「いじめだった」と主張する。「いじり」と「いじめ」の言葉をめぐる食い違いから、第三者がそれを「いじめ」として認定するか／しないかの線引きが非常に難しくなっているように思います。

松浦　今、そういったことが紛争になっていて、いじめでなくいじりの部分でも被害を受けたということで、弁護士を立てて第三者調査委員会を開け、という形になっているところもありますね。

原　フレームが違うわけですね。いじめている加害者の側は、さっきの図でいうと右側のほうに自分自身の比重があって、しかし被害者側は「いじめ」のほうに比重がある。両者のフレームが必ずしも一致しなくなってきている。

松浦　だから第四期はそういう時期でもある。もうすでに第五期になっているのかもしれないけども。

原　でも難しいですよね。同じ行為でもいじめられた子によって解釈が違ったりする場合もありますね。

小針　ハラスメントの問題と非常によく似ているのかなと思いますね。

原　そうそう、よく似ている。

小針　もっとも、いじめもハラスメントの一種であって、「あの子にちょっとからかわれる分には、別に受け容れられるけど……」の一方で、「なんであいつにからかわれなくちゃいけないんだ」という話にもなる。その言い方や両者の関係次第で、いじめかそうではないかの線引きがなされますね。人間関係や友人関係自体が非常にデリケートになっている部分も背景にあるのでしょう。

また、いじめを苦にして自ら命を絶ってしまうという、いわゆる「いじめ自殺」の問題はきちんとふまえておくべき重要な課題です。被害者の側に立つということはもちろん最優先なのだけれども、その対抗言説として「いじめを受けても耐えろ」と言う大人もいるわけで、それは何の処方箋にもならない。メディアも含めて、周りがいろいろな立場でさまざまな発言をすることで、子どもたち自身が自分たちの行為や被害をどのように考えるべきかを、複雑かつ困難にさせてしまっている気がします。

松浦先生は、いじめの認定の問題を、どのように考えていらっしゃるのでしょうか。

松浦　やはりいじめの認定は被害者の主観に準拠させるという定義付けですね。これはハラスメント問題を解決するうえでも非常に大切な視点なんです。被害者準拠、被害者を救済していくという。

原　いじめ防止対策推進法もそうですね。

松浦　ええ。しかし同時に、被害者準拠でやりますから、被害者の主観に左右されます。「オレはそれくらいやられても、そんなのはいじめだとは思わない。大丈夫だ」と言う人もいれば、それよりも程度は軽くても「ものすごく傷ついた」という形になることもある。そこの問題は被害者準拠が持っている弱点とは言わないけれど、補強しなくてはいけない。いじめの定義も含めいじめ論を補強する時期にきていると思います。

原　そうですね。さらに加えると、最近の子どもたちの状況は、立場がどんどん可逆的になっていっている。「立場の逆転現象」と言う人もいますが、非常に可逆性が強い。昨日まで他の子らを集めていじめていたタイプの子が、今度は周りの子からちょっと言われただけで被害者となっていってしまうような……。

松浦　それを一番やりやすいのがＬＩＮＥとか、こういうものが逆転を引き起こすツールになるということで、焦点が当たっているわけですね。

――ネットいじめと社会階層

原　松浦先生がご覧になっていて、今のネットいじめについて、どうしても指摘しておきたいような点はどんなところにありますか。

松浦　私は、「リアルいじめ」に対してどう対応できるか、ということが基本にあると思うんです。そのうえで、ネットいじめというのは、一つはツールの使い方をきちんと教育して、それを小さいときから身につける、ということが必要なのではないかと思います。昨年（二〇一八年）、原先生とイギリスへ行きましたが、ロンドン市の教育委員会は、わかりやすいマニュアルをつくって――マニュアル主義のような面もあるんだけど――徹底していますね。それを小学校一年生の段階から教育する。竹内和雄先生なども、相当現場で活躍されている方ですが、ネットいじめに関しては、家庭できちんとルールをつくること、学校でもルールをつくること、これをかなり重視しています。

もう一つは今回の調査の中で出てきた、学力のばらつきの大きい学校では、結構ネット依存度といじめ被害傾向が高いという問題があります。学力上位校の場合は依存性が低く出ていましたね。こういった問題をどう見ていくのか。私自身は十分検討しきれていないところもあるのですが。

山内　ネットいじめに関して二つお伺いしたいことがあります。

橋本健二先生が『アンダークラス』（ちくま新書、二〇一八年）という本を出されました。資本家階級と中間階級と労働者階級、それからその枠に入れないアンダークラスという、非正規労働にずっと従事しているような人たちがいる。労働者階級の人たちと比べても、そのアンダークラスの人たちは少年・少女時代にひどいいじめを受けたり、親から虐待を受けたりといった経験のある人が際立って多いということです。そういう経験のある人の中には、もちろん立派になっている人もいるでしょうけれども、確率論的にはアンダークラスになりやすいということが結論として提出されています。これを先生がおっしゃった学力の階層論と整合的に考えることができるのかなということがお伺いしたいことのひとつめです。

もうひとつ、ぜひ先生に教えていただきたいのは、道徳教育についてです。今年度（二〇一八年度）から道徳が教科化されました。この狙いの一つは、いじめ問題の深刻化を受けて、絆とか正義感とか、いろいろな価値観・規範意識を子どもたちに考えさせるということもあると思います。現実問題として、この道徳教育がいじめ問題、ネットいじめ問題に対して有効に機能するのかどうか。そのことについてお考えをお聞かせください。

松浦　前者の階層・階級の問題、アンダークラスの問題は非常に大きいです。これは我々だけでなくて、政治学や社会学なども含めてどう考えるのか。私自身はずっと教育学をやってきたので、社会学があいう切り方をするのに対しては、非常に宿命論的な見方になってしまうのではないか、という思いを持ってしまうのです。だから昔、コールマン・レポートなどで言われたように、やはりアンダークラスの階層であっても、黒人層の子どもであっても、自己肯定感が高ければ、学力も育つのだという、そういうメッセージがあのレポートの中に含まれていますね。私はそういうのが好きなので……例えば母子・父子家庭で非常に貧困を抱えているのだけれど、その中で親が健気に子どもを育てながら、その子どもを社会的に自立させたというストーリーもたくさんあります。

社会学が好む、補助線の引き方にも意味はあると思うのですが、教育学的な視点からだったら、階層格差をどう乗り越えられるかという希望、ゾレン（Sollen：当為）のほうへすごく傾斜している、ということがひとつです。そこはもちろん我々も、もう一歩踏み込んで研究していく必要があるように思いますが、アンダークラスの中で輝く子どもは、どういう要件の中で生まれてくるのかという、そういう問題も提起していく必要があるのではないでしょうか。

山内　いじめ問題に関して階層論的なアプローチが今まであまりなされてこなかったかな、という印象がありますね。学力とか学校のランクとか、そういう変数を使用した研究はありますけれども。

松浦　志水宏吉先生が人権教育の視点から見直す必要があるという研究を出されたりしているので、私ももう一度、考えたい。アンダークラスと置き換えることができる可能性はかなりあります。あるいはスラムとか、孤立化した団地の人たちの集合体のようなものが各都市にできつつあると聞いていますので、そういう点では教育学も関わらなければいけないんですが、地域や貧困といじめの関連での研究は少ないと思います。

山内　そうですね。

松浦　もう一つ、道徳の問題ですね。これも本当に悩ましい問題ですね。私は学校の先生方との付き合いが多いのですが、道徳科に政策的に反対しておられる人も、いい授業を、自分なりに工夫をしてやろうと、教材を開発したりしていると思います。ただ、むしろ私は子どもたちの参加とか参画とか、そういう意味のモラル教育が必要なのではないかと。例えばイギリスだったら、シビックエデュケーションとかシティズンシップの教育をやっていますね。いじめであれば、それを自分たちでどうやって解決していくのかという前向きな――自発性とか自治性と言っていますが――自分たちでやれる仕組みをつくっていく必要があると思います。

私も子どもの文化を豊かにするＮＰＯ（関西こども文化協会）の活動に長らく関わっていますが、近年社会にコミットする市民の動きは少しずつ広がってきています。学校でも子どもや先生が学校外の社会とコミットするような仕組みをつくっていけるかがポイントだと思うのですが、これはむしろ弱くなってきていると心配しています。アクティブラーニングと言いながら先生の仕事が多過ぎて、また生徒もそうですが、時間的な余裕が少ないのではないでしょうか。

山内　イギリスの場合については、私も二〇年ぐらい前に一年間だけいたのですが、とにかく自分たちの問題は自分たちで解決させるという大きな基本方針がありますね。だから上級生に相談していじめ問題を解決するとか、そういう「ピアサポート」という仕組みがかなり広がっています。家庭内でも、一定の年齢になれば子どもは自分で寝起きして、独立した人格を持った人間として扱われているんですね。だからそこにはしつけのスタイルとか、風土の違いも反映されると考えます。

松浦　イギリスでは一八歳、青年になったら基本的には親と同居しない仕組みを持っています。それは悪いほうに働くと青年ホームレスの問題にもつながっていきますが、日本の子育ての仕組みの場合だと、大学を卒業しても家にこもってしまうことがあるというか、この問題は大きいと思います。

――ネットいじめと学校のタイプ

小針　いじめの問題を考えるうえで、学力や社会階層の問題は非常に興味深いテーマです。本書の中でも学力のばらつきの大きい高校で、ネットいじめが発生しやすい傾向が浮き彫りになったのですが、そうなると、集団内の多様性や個性は、本来は望ましいものであるにもかかわらず、逆にそういう個々の諸特性をつぶしてしまう集団内の圧力や過度な同調性がはたらいてしまうのか、子どもたちの歪んだ人間関係のようなものが垣間見えます。

松浦　多様な子どもたちがいるほど問題が起こりやすいということですね。

原　今回のデータで言えば、ちょうど学力中位の高校で、ネットを含めたいじめ問題が非常に大きかったんです。我々はそこではあまり問題が起きないのではないかと思ってきた部分が、逆にデータの中では非常に厳しい状況だということがわかってきた。

小針　そうなんです。データを分析するまでは、これまでの生徒文化研究の知見から、入学偏差値の低い高校の生徒のサブカルチャー（下位文化）として、生徒がネットに依存しているうちに、ネットいじめの問題に発展していくのではないかと踏んでいたのです。ところが、データを丁寧に分析していくと、被害が比較的多かったのが中位校だった。もちろん上位校（いわゆる進学校）でもネットいじめは決して無縁の問題ではなくて、成績下位層が叩かれる傾向にあり、中位校では成績上位層と下位層が叩かれるという構図が明らかになりました。とくに中位校では生徒の学力のばらつきが大きいので、その中で目立つ生徒が、いじめのターゲットになっているのではないかとも考えられます（本書の第7章参照）。

松浦　子どもたちの多様性だけでなく、教師の指導力とか、配置の問題もあるのではないかと思いますね。これは教育社会学のちょっとした弱点としてずっと言われてきたんですが、教師の関わりとか、指導ということはいったん置いておいて、子どもをデータ的に見ていくという手法を、我々は従来とってきました。だからそこの問題は一歩立ち入って分析する必要があるんじゃないかなと。本当に中位校の特色としていじめが発生しやすいのか、もう一度吟味したらどうかと思います。

原　そこは先生のおっしゃることも非常に説得力があると思います。ただひとつ、今回のデータの中から僕なりに解釈をしてきたことは何かというと、例えば五段階評価で「3」ぐらいの子どもたちが多く在籍する学校で、なぜこんなにネットいじめが多いのか。僕は今回、入り込みの調査をやらせてもらったのですが、いわゆる中位と俗に言われる学校の中で見られる現象として、子どもたちが――高校の生徒たちが――小さなグループをいくつもつくっている感じを強く受けたんですね。もちろん教師の関わり方について吟味する必要はあるのですが、こと子どもにだけ焦点を当てて考えてみると、他のタイプの高校に比べて、中位校の子たちはさらに非常に同質性が高い、自分たちとよく似た者同士の関係性を小さくつくっている。その小さな差の中に、ものすごく大きな差を見出しているようなところがある。真ん中のさらにど真ん中の子たちが、外から見れば非常に均質で同質に見えるところに、自分たちなりの多様性を見出している。ちょっとした差の中にものすごくギスギスした関係を持ち込んでいる。むしろそっちのほうがこの問題の本質に迫っているのではないか、という印象を持ったんですけどね。

松浦　宮台先生も言われている、いわゆる「島宇宙化」ですね。島宇宙が教室の中にできやすい。それが中位校にできやすいという関係。

原　そうです。

松浦　中位校の成績がほぼ一定の層にできやすい。下にもいたくないし、上にはなかなか上がれないジレンマの中で、相手との関係性に非常に集中して、敏感になってしまっている。そういうことですか。

原　そうだと思います。だから仲間の同調圧力が最も働きやすい空間がそこなのではないか。

松浦　大人社会でも以前、中間層はそういう弱点（不安定さによる不安感）を持っていると言われていましたね。

山内　中位校のイメージをはっきりさせておいたほうがいいと思います。私立学校の場合だと、例えば難関国立大学へ行く子もたくさん出るし、プロ野球選手などもたくさん出るという高校があります。この場合、「進学コース」「スポーツコース」と、コースごとにきれいに分かれていて、コース間の交流の薄い学校も、「多様な生徒がいる学校」です。けれども、コースをきれいに分けないで、クラス内に多様な生徒を抱えて、ミックスしている学校もあります。

原　そこは切り分けないとだめですね。おっしゃるように、例えば一つの学校の中にスポーツをがんばっている子もいる、また進学校然としたコースもあって、この両者がまったく相容れない空間を構成している多様性というのは、むしろ多様校ではないんだと僕は思います。もちろんクラスの枠を外した空間が構成されれば、そこに価値観のぶつかり合いは生まれるとしても。ここで議論されなければならないのは、成績でいうと「3」の子たちばかりが二〇〇人、三〇〇人と学年を構成していて、成績上はそう大きく違わないのだけれど、そこに何かお互いの住み分けみたいなものが起こりやすい構造。これをここでは「多様」という言葉で定義しておかないといけないのだと思います。そうなると例えば小学校とか中学校も、ある意味で多様校だと思います。

小針　公立小・中学校の場合はとくにそうですね。

松浦　高校からはトラッキングが進んでしまって、結構色分けされますからね。高校において「こんな高校を中位校というのです」という学校は少なくなってきている。コース別になってきていますから。ここでは、主に公立高校を想定するということですね。

原　そうですね。公立高校のとりわけ同じようなタイプの子たちが多く集まっている学校です。こうした学校は本来ならいじめなんて起こりにくいだろうと、我々は思っていたのですが、データを取ってみると意外にそこが息苦しかった、ということです。

小針　同質なタイプの集団内でのいじめというと、「ゲームとしてのいじめ」という言葉が言われるようになっていますが、いじめることで快楽を得るというか、誰かを蹴落としたくなるというか

——逆に言うと、まったく違うタイプの者同士で蹴落としても仕方がないというところがありますね。

原　そうそう。

小針　似たり寄ったりの集団内のほうが、「ゲームとしてのいじめ」が発生しやすいのではないでしょうか。いじめる理由は何でもよくて、例えば「あの子がちょっと気に食わない」でもいいし、「眼鏡をかけている」という身体的な特徴でもいいし、中には「先生に誉められた」とか、とりあえず何でもいいから、まったく根拠のない「理由」を見つけて、特定の子をターゲットにいじめるというんですね。第三期や第四期あたりから、そういう「ゲームとしてのいじめ」が盛んに言われるようになってきました。

さらに、いろいろな情報ツールが普及したことによって、ネットいじめが「ゲームとしてのいじめ」を増幅させた側面があるのではないかと考えています。インターネット全般もそうですが、とくにLINEなどのアプリは非常にゲーム性が高いツールですし、「ゲームとしてのいじめ」の問題に拍車をかけているのではないでしょうか。人間関係の本質は変わっていないところもありながら、それが情報ツールひとつで歪んでしまう部分があるのかもしれないと思いました。

それに対して、子どものサイバー上での様子を監視するという方法も議論されることもありますが、子どもは別の逃げ道や子どもだけの世界をつくって、外からはうかがい知れない集団内で新しい問題が発生してしまわないかどうか。その点が心配ですね。

松浦　子どもの人格や人権、プライバシーも含めて、そういうものをネットやＳＮＳでどう考えるかという問題もありますね。

――子どもと向き合う、生活の「にじみ」を見つめる

原　さて、解決の方略に向けて、さっき松浦先生が整理されたのは二点あって、まずはネットリテラシーというか、コンピュータリテラシーというか、使い手の側に使うための教育をしっかり提供していかなければならないのではないかという問題、これが一点。もう一つは、家庭の中でしっかりとルール化を図る。親も含めて子どもたちをしっかりと巻き込んでいくと。そういう二つの視点を提示していただきました。先生、そこに何か補足すべきことはありますか。

松浦　私が心配なのは、家庭とか学校がツールの指導を、どこまでやる責任があるのか、またできるのかという点です。

原　学校からすると、持たせるのは家庭なのだから、家庭でしっかりとそういうところを教育するべきだと思うでしょうし、家庭から見ると、これはもうネット社会という社会全体の構造がもたらした問題なのだから、学校がしっかり教えるべきだという学校の責任論になるでしょうね。僕はいずれもありだと思っていますが。

松浦　ということは、両方がやるべきだと。

原　もちろん学校には学校の役割、家庭には家庭の役割というのが、それぞれあるでしょう。僕は

家庭のルールづくりというのを、大津の問題の中でも「ネットルールをつくる」というのを推奨しています。ルールをつくることが規範性を高めるということは、もちろんあります。

だけど僕は、ちょっとベタな言い方ですが、ルールをつくるときに子どもたちと話をする時間を確保するのが重要だと思います。日頃子どもが何をやっているのかとか、どんなことを考えているのかということを、親としてはあまり共有しようとしなかったものを、子どもたちに身近なツールであるネットを使って、子どもたちが何をやっているかということに親がアプローチしていく。両者の間で話し合い活動が行われ、お互いを理解する。そういうことの持っている機能のほうが、むしろ「つくられたルールを守る」という規範性の問題よりも大きいのではないか、と考えています。子どものことはわからない、何をやっているのか親には見えない、でもみんながやっているから子どもにスマホを持たせる、放ったらかしにする。これではまずいのではないか、という気がします。

松浦　アメリカの研究者でハーシ（T. Hirschi）という犯罪社会学の先生が、インボルブメント（involvement）、巻き込んでいくことによって、他者とボンド（bond：絆）でつながれた人たちは犯罪に関わらないで前向きに生きられる、ということを言いましたが、原先生がおっしゃったのはまさにそれですね。規範として上から押しつけるのではなくて、自分もいっしょに考えてつくっていく。参画するというか、そういう巻き込みみたいなものが、結構大きな意味を持つようになるのではないかと思いますね。日本の場合はそれがちょっと見失われがちで、すぐに規範だけを上から落として、「守られているか、守られていないか」という判断になっている。何が話し合われたのか、親と子の中でどんな生活の「にじみ」が出てきているのかという、そこへなかなかいかない。

原　そうですね。山形大学の加納寛子先生が、「ルールをつくったらそれでいいと思っている家庭も結構多くて、そこをフォローアップしてちゃんと守られているかどうかを、定点的に調査していく必要があるのではないか」ということを指摘しています。「規制のルールをつくればそれで守られる」ではなくて、むしろそれがちゃんと機能しているかどうかをチェックしていく体制も、家庭の中に必要だろうという気がします。そのたびごとに、ちゃんと子どもと話し合う、向き合う時間というのが取れますから。

松浦　子どもと向き合うことの意味を我々研究者ももう一歩深いところできちんと検討し発信していく時期かもしれないですね。

原先生を中心にしたこの研究グループの調査は、もう四年続いていて、これまで大きな成果を上げてきていますが、今回の研究を起点にして、もう一歩進んだところへ行きたいですね。一つは、データだけではなくて、同時に足で稼いで現場を見て、生の現実とデータとを付き合わせていくということ。それからアンダークラスの問題も含めて、階層の分化が激しくなってきていますが、その問題に対して宿命論に陥らずに、希望が持てる研究をどう切り拓いていくのか。そこが新しい課題として出てきているのではないかと思いました。

（二〇一九年二月）

所収).
Hirschi, T. (1968) *Causes of Delinquency*, University of California Press (森田洋司・清水新二監訳 (1995)『非行の要因——家庭・学校・社会へのつながりを求めて』文化書房博文社).
Putnam, R. D. (2000) *Bowling Alone: The Collapse and Revival of American Community*, Simon & Schuster (柴内康文訳 (2006)『孤独なボウリング——米国コミュニティの崩壊と再生』柏書房).

111～122頁。

宮台真司（2009）『日本の難点』幻冬舎。

目代純平（2012）『子どものための「ケータイ」ルールブック』総合法令出版。

森田洋司（2010）『いじめとは何か――教室の問題，社会の問題』中公新書。

森田洋司・清永賢二（1986）『いじめ――教室の病』金子書房。

文部科学省（2010）「生徒指導提要」平成22年３月。

文部科学省（2017）「小学校学習指導要領（平成29年３月告示）解説総則編」。

文部科学省（2017）「中学校学習指導要領（平成29年３月告示）解説総則編」。

文部科学省（2018）「平成29年度　児童生徒の問題行動・不登校等生徒指導上の諸課題に関する調査結果について」http://www.mext.go.jp/b_menu/houdou/30/10/__icsFiles/afieldfile/2018/10/25/1410392_1.pdf（2020年８月11日閲覧）。

文部科学省（2020）「令和元年度　児童生徒の問題行動・不登校等生徒指導上の諸課題に関する調査結果について」https://www.mext.go.jp/content/20201015-mext_jidou02-100002753_01.pdf（2021年５月20日閲覧）。

吉野源三郎（1982）『君たちはどう生きるか』岩波文庫。

吉野源三郎・羽賀翔一（2017）『漫画　君たちはどう生きるか』マガジンハウス。

和田秀樹（2013）『スクールカーストの闇――なぜ若者は便所飯をするのか』祥伝社。

Granovetter, M. S.（1973）“The Strength of Weak Ties,” *The American Journal of Sociology*, Vol. 78, No. 6, pp. 1360-1380（大岡栄美訳（2006）「弱い紐帯の強さ」野沢慎司編・監訳『リーディングスネットワーク論――家族・コミュニティ・社会関係資本』勁草書房

原清治（2011）「ネットいじめの実態とその背景」『現代のエスプリ』526，104～117頁。

原清治・神月紀輔・堀出雅人・浅田瞳（2016）「義務教育段階のネットいじめの特徴と生徒指導上の課題――A市における悉皆調査の結果を中心に」関西教育学会第68回大会（2016年12月3日，立命館大学衣笠キャンパス）。

原清治・堀出雅人（2014）「ネットいじめの要因と実態に関する実証的研究（Ⅱ）」日本教育学会第73回大会（2014年8月24日，九州大学箱崎キャンパス）。

原清治・山内乾史編著（2011）『ネットいじめはなぜ「痛い」のか』ミネルヴァ書房。

樋口進（2013）『ネット依存症』PHP 新書。

藤川大祐（2005）『ケータイ世界の子どもたち』講談社。

藤川大祐（2016）『スマホ時代の親たちへ――「わからない」では守れない！』大空出版。

堀出雅人（2016）「不登校の児童生徒のネットコミュニケーションに関する教育社会学的研究――再登校に関わる支援員へのアンケート調査を中心に」『龍谷教職ジャーナル』第3号，龍谷大学教職センター。

堀出雅人（2019）「小学校と中学校における情報モラル教育の現状と課題――インターネット利用に関する家庭でのルール作りを中心に」『佛教大学大学院紀要教育学研究科篇』第47号，佛教大学大学院。

本田由紀（2011）『学校の「空気」（シリーズ若者の気分）』岩波書店。

松浦善満（2013a）「いじめ事件の教訓と提言」『和歌山大学教育学部教育実践総合センター紀要』23，1～7頁。

松浦善満（2013b）「生徒の対人関係性いじめ問題――大津市いじめ自死事件から考える」『教育と医学』慶應義塾大学出版会，No.725，12～19頁。

耳塚寛明（1980）「生徒文化の分化に関する研究」『教育社会学研究』35，

diamond.jp/articles/-/61244（2020年８月11日閲覧）。

高橋暁子（2014）『ソーシャルメディア中毒――つながりに溺れる人たち』幻冬舎エデュケーション新書。

竹内和雄（2014）『スマホやネットが苦手でも指導で迷わない！――スマホ時代に対応する生徒指導・教育相談』ほんの森出版。

竹内和雄（2014）『スマホチルドレン対応マニュアル――「依存」「炎上」これで防ぐ！』中央公論新社。

武内清（1993）「生徒文化の社会学」木原孝博・熊谷一乗・武藤孝典・藤田英典編『学校文化の社会学』福村出版。

竹川郁雄（1993）『いじめと不登校の社会学――集団状況と同一化意識』法律文化社。

土井隆義（2008）『友だち地獄』ちくま新書。

土井隆義（2014）『つながりを煽られる子どもたち――ネット依存といじめ問題を考える』岩波ブックレット。

富田英典（2009）『インティメイト・ストレンジャー――「匿名性」と「親密性」をめぐる文化社会学的研究』関西大学出版部。

内藤朝雄（2001）『いじめの社会理論――その生態学的秩序の生成と解体』柏書房。

内藤朝雄（2007）『〈いじめ学〉の時代』柏書房。

内藤朝雄（2009）『いじめの構造――なぜ人が怪物になるのか』講談社現代新書。

内藤朝雄（2016）「インターネットを用いたいじめや迫害をめぐる諸問題――『延長された表現形』として増幅させるブースター効果」加納寛子編著『ネットいじめの構造と対処・予防』金子書房，174～232頁。

橋本健二（2018）『アンダークラス――新たな下層階級の出現』ちくま新書。

原清治（2009）「ネットいじめの実態とその抑止策に関する実証的研究」最終報告書。

参考文献

今津孝次郎（2007）『増補　いじめ問題の発生・展開と今後の課題――25年を総括する』黎明書房。

尾木直樹（2013）『いじめ問題をどう克服するか』岩波新書。

荻上チキ（2008）『ネットいじめ　ウェブ社会と終わりなき「キャラ戦争」』PHP 新書。

荻上チキ（2018）『いじめを生む教室――子どもを守るために知っておきたいデータと知識』PHP 研究所。

柿沼昌芳・永野恒雄編（2002）『学校の中の事件と犯罪――戦後教育の検証（Ⅰ）1945～1985』批評社。

加納寛子編（2016）『ネットいじめの構造と対処・予防』金子書房。

清川輝基編／古野陽一・山田眞理子著（2014）『ネットに奪われる子どもたち――スマホ社会とメディア依存への対応』少年写真新聞社。

クーリー，C. H.（1970）大橋幸・菊池美代志訳『社会組織論』現代社会学体系第 4 巻，青木書店。

木堂椎（2006）『りはめより100倍恐ろしい』角川書店（角川文庫，2007）。

志水宏吉（2014）『「つながり格差」が学力格差を生む』亜紀書房。

杉原保史・宮田智基（2018）『SNS カウンセリング入門―― LINE によるいじめ・自殺予防相談の実際』北大路書房。

鈴木翔（2012）『教室内（スクール）カースト』光文社新書。

総務省（2014）「高校生のスマートフォン・アプリ利用とネット依存傾向に関する調査報告書」https://www.soumu.go.jp/menu_news/s-news/01iicp01_02000020.html（2020年 8 月11日閲覧）。

ダイヤモンド・オンライン（2014）「SNS でのいじめや犯罪から子どもを守る　親子で使う危険ワードの自動検知アプリ『Filii』」http://

た　行

な　行

は　行

ま　行

ら　行

わ　行

索　引

（＊は人名）

あ　行

か　行

さ　行

西谷雅史（にしたに・まさし）第 9 章

1980年栃木県生まれ。宇都宮大学大学院工学研究科情報工学専攻修士課程修了。現在，エースチャイルド株式会社代表取締役。ネットトラブルから子どもを守るサービス「Filii（フィリー）」（https://www.filii.net/），SNS 相談プラットフォーム「つながる相談」（https://tsunasou.jp）を提供。メディア発信や啓発セミナーなども実施している。著書に『戦略的データサイエンス入門——ビジネスに活かすコンセプトとテクニック』（共著，O'Reilly Japan, Inc.，2014年）。

土井隆義（どい・たかよし）第10章

1960年山口県生まれ。大阪大学大学院博士後期課程中退。現在，筑波大学人文社会系教授。専門は社会学（社会病理学・逸脱行動論・犯罪社会学）。主著に『「宿命」を生きる若者たち——格差と幸福をつなぐもの』（2019年），『つながりを煽られる子どもたち——ネット依存といじめ問題を考える』（2014年），『キャラ化する／される子どもたち——排除型社会における新たな人間像』（2009年），『「個性」を煽られる子どもたち——親密圏の変容を考える』（2004年，以上，岩波ブックレット），『人間失格？——「罪」を犯した少年と社会をつなぐ』（日本図書センター，2010年），『友だち地獄』（ちくま新書，2008年）など。

松浦善満（まつうら・よしみつ）第11章

1948年大阪市生まれ。大阪教育大学大学院修士課程修了。和歌山大学名誉教授。現在，大阪千代田短期大学客員教授。専門は教育社会学，生徒指導論，学童保育論。主著に『教室から見た不登校』（森田洋司・松浦善満共編著，東洋館出版社，2002年），『いじめに取り組んだ世界の国々』（共編著，ミネルヴァ書房，2005年），『改訂版・放課後支援員認定資格研修』（フォーラム A，2018年），『新しい保育基礎』（監修，サンライズ出版，2020年）など。

小林至道（こばやし・のりみち）**第６章**

1976年静岡県生まれ。青山学院大学文学研究科教育学専攻博士後期課程満期退学。現在，青山学院大学アカデミックライティングセンター助教。専門は教育学（教育方法），ライティング（学修）支援。主著に「ライティングセンター運営上の工夫とその成果」（『青山インフォメーション・サイエンス』47(1)，2020年），「ワークシートの利用に着目した論文発展プロセスの分析」（『大学教育学会誌』34(1)，2012年），「ポスト携帯・ネット時代における子どもの社会化」（『教育研究』54，2010年）など。

小針　誠（こばり・まこと）**第７章，第11章（聞き手）**

1973年福島県生まれ（栃木県育ち）。東京大学大学院教育学研究科博士課程修了。博士（教育学）。現在，青山学院大学教育人間科学部教授。専門は教育社会学，教育社会史。主著に『アクティブラーニング――学校教育の理想と現実』（講談社現代新書，2018年），『〈お受験〉の歴史学――選択される私立小学校　選抜される親と子』（講談社選書メチエ，2015年）など。

堀出雅人（ほりで・まさと）**第８章**

1984年三重県生まれ。佛教大学大学院教育学研究科生涯教育専攻博士後期課程満期退学。現在，華頂短期大学総合文化学科准教授。専門は教育実践学。主著に「ネットいじめから考える子どもたちの新たな『友だち』関係」（原清治・山内乾史編著『ネットいじめはなぜ「痛い」のか』ミネルヴァ書房，2011年）など。京都府消費生活安全センター「くらしのヤングリーダー」事業のアドバイザー，京都府警察本部サイバー犯罪対策課のネット安心アドバイザーを務め，小学生から高校生を対象に情報モラルに関する教育実践に携わる。

《執筆者紹介》（執筆順）

原　清治（はら・きよはる）**はじめに，第１章〜第３章，第11章（聞き手）**

編著者紹介参照。

浅田　瞳（あさだ・ひとみ）**第２章**

1978年大阪府生まれ。佛教大学大学院教育学研究科修士課程修了。現在，京都文教大学臨床心理学部准教授。専門は教育社会学，情報教育。主著に「ネットいじめの変遷に関する実証的研究」（『佛教大学大学院紀要教育学研究科篇』(49)，2021年），「高等学校におけるネットいじめの啓発効果に関する実証的研究」（『佛教大学教育学部学会紀要』(18)，2019年），「ネットいじめはどのような要因によって発生するのか」（原清治・山内乾史『ネットいじめはなぜ「痛い」のか』ミネルヴァ書房，2011年）など。

山内乾史（やまのうち・けんし）**第４章，第11章（聞き手）**

1963年大阪府生まれ。大阪大学大学院人間科学研究科博士後期課程中途退学。現在，佛教大学教育学部教授／神戸大学名誉教授。専門は教育社会学，比較教育学，高等教育論，道徳教育論。主著に『「大学教育と社会」ノート——高等教育論への誘い』（学文社，2020年），『比較教育学の研究スキル』（編著，東信堂，2019年），『教育社会学』（共編著，ミネルヴァ書房，2019年），『才能教育の国際比較』（編著，東信堂，2018年）など。

大多和直樹（おおたわ・なおき）**第５章**

1970年埼玉県生まれ（神奈川県育ち）。東京大学大学院教育学研究科博士課程中退。博士（教育学）。現在，お茶の水女子大学基幹研究院教授。専門は教育社会学。主著に『高校生文化の社会学——生徒と学校の関係はどう変容したか』（有信堂高文社，2014年），『放課後の社会学』（北樹出版，2014年）など。

《編著者紹介》

原　清治（はら・きよはる）

1960年長野県生まれ。神戸大学大学院国際協力研究科博士後期課程修了。学術博士（神戸大学）。現在，佛教大学教育学部教授，副学長。専門は教育社会学，学校臨床教育学，教員養成。主著に『教育社会学』（共編著，ミネルヴァ書房，2019年），『学修支援と高等教育の質保証Ⅰ・Ⅱ』（共著，学文社，2015年・2016年），『若年就労問題と学力の比較教育社会学』（ミネルヴァ書房，2009年）など多数。学力低下やネットいじめなど，学校で起こるさまざまな問題の背景となる要因や，そのメカニズムを中心に研究。京都府いじめ調査委員会委員長，大津市「LINE を利用したいじめ等に関する相談受付に係る検証会議」座長。2020年，文部科学大臣表彰および京都府教育功労者表彰。2023年度社会教育功労者表彰（文部科学大臣表彰）。

ネットいじめの現在《いま》

――子どもたちの磁場でなにが起きているのか――

2021年９月30日　初版第１刷発行　〈検印省略〉
2024年10月30日　初版第５刷発行

定価はカバーに
表示しています

編著者　原　清治

発行者　杉田啓三

印刷者　中村勝弘

発行所　株式会社　ミネルヴァ書房

607-8494 京都市山科区日ノ岡堤谷町１
電話代表 (075)581-5191
振替口座 01020-0-8076

中村印刷・吉田三誠堂製本

ISBN978-4-623-08953-6

Printed in Japan